家

文

化

用片状无齿锯切害玉料，

割痕迹。钻孔工艺。良渚文化玉器的钻孔，单面钻、两面钻都有，

割痕迹。而玉琮中孔的钻孔工艺不同于玉璧，它采用两面对

钻的遗留痕迹。玉琮的中孔是由两面对钻而成，孔中间保留有明显的对钻接痕

完成后，再加琢磨、抛光，形成外圆内方的玉琮。

迹在不同种类玉器上，使用情况不同，精致的玉礼器，琢磨抛光

整件玉器表面光洁，十分漂亮。多数玉器只有一般的琢磨、抛

器少琢磨，无抛光，完整保留切锯痕。

璜、刀、多孔刀、钺、多璜联璧等。

几种，其功用主要是工具、礼器两大类，玉工具主要有斧、

用材上乘，制作精致，

浙江大学出版社
ZHEJIANG UNIVERSITY PRESS

齐家文化

玉器精品鉴赏

彭燕凝　彭仁厚　编著

齐家玉文化（代序）

　　有着上万年历史的中国玉器源远流长。提及中国的玉文化，人们自然而然地就会想到良渚玉文化（公元前3300—前2200年）、红山玉文化（公元前4000—前2500年），而齐家玉文化，就鲜为人知了。其实，齐家玉文化比之良渚玉文化、红山玉文化毫不逊色，同样有着灿烂辉煌的历史。

一、齐家玉文化是齐家文化中的一朵奇葩

　　众所周知，以秦安大地湾文化为主的甘肃河陇地区，在远古是一片水肥草美的广袤沃土，孕育着中国古代黄河文明，马家窑彩陶文化是仰韶文化的亮点，齐家文化是彩陶文化的尾声，但又是最早被人们所公认的原始青铜文化。可齐家玉文化呢，为什么鲜为人知？对于齐家文化，人们最为追捧的是它受马家窑文化影响独特的陶器、彩陶文化和青铜文化，对它精美优秀的玉器，长期以来报道甚少，不为重视。这明显与它的文物考古发现较少，与它的地域辽阔，群山峻岭，翰海沙漠，人烟稀少，地理位置相对偏僻和现代经济文化相对落后有关。加之在河陇秦安大地湾文化的墓葬与马家窑、马厂文化等墓葬中出土玉石器之报道寥寥，在过去古玉方面见报的仅为1977年甘肃省庆阳县董志乡野林村出土的商代大玉戈——田野文物，且被认定为由中原流入甘肃，是中原文化向边远少数民族地区传播中原文化的佐证。笔者认为，这失之偏颇。尽管如此，国

内还是有人在不断探索和关注这一黄河源头的中国古文明。早在1992年，四川科学技术出版社出版的《中国甘肃河西走廊古聚落文化名城与重镇》一书中就有记载："武威皇娘娘台齐家文化已基本具备文明要素。其皇娘娘台早期玉石工艺已达到较高水平，所出土的玉璧就有264件，其中81件出自一座墓，表明已有一批专业人员从事玉石器生产了。"随着时间的流逝和考古事业的发展，20世纪末期，这些观点才逐渐被一些专家、学者所重视。正如故宫博物馆杨伯达指出的那样："齐家玉文化是秦安大地湾仰韶文化玉器土壤上接受了良渚玉文化的影响而形成的以琮，璧为主的玉文化。所见的玉器有斧、锛、铲、凿、钺、多孔刀、镯、环、佩、璧、琮、多璜联璧及璧羡等。多数是模拟生产工具的几何体玉器。最为优秀的玉琮是出自静宁县治平乡后柳村的三节绿玉琮和瓦珑绿玉琮。"在这里，杨伯达用了"最为优秀"四个字，可见齐家玉文化玉器之美。但是由于齐家玉文化涵盖了河陇地区、河西走廊数十万平方公里，田野文物过于分散，文物考古条件相对恶劣，多年来考古发掘相对稀少，而学术报告、论文更是寥寥无几，因此齐家玉文化鲜为人知就不足为怪了。

二、齐家文化及齐家玉文化的年代与分布

齐家文化是1924年首先在甘肃省广河县齐家坪发现的，据碳14测定，它的绝对年代在公元前2050—1915年前后，但东边的要比西边早。齐家文化可分为甘肃东部、中部、青海东部及甘肃西部几个亚区，其属性已步入铜石并用及早期青铜时代，聚落遗址一般都选在便于人们生活的绿洲中部的一些河流的河旁台地上，其主要河流为在河陇境内的黄河沿岸及其支流渭河、湟水、洮河、大夏河流域和河西走廊的疏勒河流域，面积达几十万平方公里。现今为止齐家文化对已有较多的正式调查和田野考古发掘，其中比较重要的有：甘肃武威皇娘娘台遗址、甘肃永靖县秦魏家齐家文化墓地、甘肃永靖县大何庄齐家遗址、甘肃广河县齐家坪遗址、甘肃永靖县张家嘴与姬家川遗址、甘肃积石山县新庄坪齐家文化遗址、青海乐都县柳湾墓地、青海大通县上孙家齐家遗址、宁夏固原海家湾齐家文化墓

地等。通过对这些遗址及墓地的调查和考古发掘，已基本搞清了齐家文化的面貌及特征。在上述的遗址或墓地的发掘中出土有一定数量的玉器，形成了同期的齐家玉文化，但在所公布的报告中对玉器介绍较少，没有引起人们的重视。据有关资料介绍，甘肃各个博物馆收藏有100余件齐家文化玉器，属墓地发掘，至于田野文物就不得而知了。但就笔者所知，目前上海、北京、成都、兰州等地的文物市场有一定数量的齐家文化玉器出售——遗憾的是它鲜为人知，问津者甚为寥寥。

三、齐家玉文化的玉材及加工工艺

齐家文化玉器使用的玉材主要是甘肃本地产玉，还有新疆和田玉。本地产玉材出于齐家文化范围内，大约在榆中、酒泉境内，其玉材多为墨绿色、艾绿色、青色、豆绿色，还使用属蛇纹石鸳鸯玉、汉白玉、珊瑚化石和试金石类黑色石材。齐家文化玉器中和田玉材的使用是中国古代大量使用新疆地区玉材的一个开端，是和田"帝王玉"进入中原的第一站。也可以看成是"玉石之路"的开创早期。齐家文化的玉器，一般是礼器类的琮、璧、环、钺、璋等都选择玉质滋润，色泽最好的本地玉或和田玉；工具类的选材，则不如礼器类，都选择本地玉，少数还选用接近石质或玉内含有较重石质的材料。

齐家文化玉器的加工工艺有切割、钻孔、琢磨、抛光等。具体介绍如下：① 切割工艺：从现今看到齐家文化玉器及玉材的残留痕迹上，齐家文化的玉材切割，以片切割为主，用片状无齿锯切割玉料，在少数纹饰加工上，可以看到有砣切割痕迹。② 钻孔工艺：从齐家文化玉器的钻孔看，单面钻、两面钻都有，从玉璧孔壁的斜坡状可以看出是单面钻的遗留痕迹，而玉琮中孔的钻孔工艺不同于玉璧，它采用两面对钻工艺。在有些玉琮上，可以明显看到，玉琮的中孔由两面对钻而成，孔中间保留有明显的对钻接痕和旋痕，完整的工艺应该是在对钻孔完成后，再加琢磨、抛光，形成外圆内方的玉琮。

齐家文化玉器的琢磨、抛光工艺在不同种类玉器上，使用情况不同：精致的玉礼器，琢磨抛光后，不留任何切割、磨磋和抛光的痕迹，整件玉器表面光洁，十分漂亮。多数玉器只

有一般的琢磨、抛光加工，玉器表面光泽不强。少数玉器少琢磨，无抛光，完整保留切锯痕。

四、齐家玉文化玉器的类型及特征

齐家玉文化之玉器种类目前发现有十几种，其功用主要是工具、礼器两大类。玉工具主要有斧、锛、凿、铲等。礼器主要有琮、璧、环、璋、璜、刀、多孔刀、钺、多璜联璧等。

齐家玉文化的特征可以用品种多样，用材上乘，制作精致，通体磨光，器形美观，大气凝重这二十四个字来形容。齐家玉文化品种比红山玉文化、良渚玉文化的品种多得多。在礼器的涵盖面上、器型上也是红山玉文化、良渚玉文化不能比的。就古玉而言，齐家玉器也有着一般古玉的包浆、皮壳、色沁等，但由于它地处黄土高原，沙漠地带，自然与中原的良渚、红山、巴蜀等玉器不同，色沁变化十分丰富，并有其独特的特征，兹简述如下： ① 齐家玉器以和田玉为主，其产地可能是阿尔金山或昆仑山余脉，不排除出自甘肃境内的玉矿，如榆中地区的玉石矿和酒泉等地的酒泉玉，因此，玉料硬度较高。由于制作精细，研磨光滑，故十分光润美观和润泽。②齐家文化玉石器，常有明显的特征，器形不甚规圆，器壁厚薄不匀，内缘或外缘常有带齿细刃——在钻孔底边缘处有将通敲断的痕迹，一些器有扉牙或旋轮，有明显夏代器物的特征（即齿状扉牙）。在钻孔上多为一面钻，也有两面钻。由于古人爱玉，惜玉，齐家玉器还追求玉材作品的最大化。在一些大型玉琮上还保留有玉皮，还采用空心钻技术，以取出玉琮芯，用以加工其他玉器。 ③ 齐家文化玉器工具类，如斧、锛、铲、凿、多孔刀等，礼器类如琮、璧、璋、钺、环、佩等，但礼器类用材较好，大都采用硬度较高的和田玉，除少数有纹饰外，大多光素无纹，但均制作精致，器型规整 ，通体磨光，十分美观。一些礼器还比较大，其造型浑圆饱满，显得十分厚重。有纹饰的，其纹饰为扉牙、弦纹和直线纹，在齐家文化晚期玉器上出现饕餮纹、人面纹、神人兽面纹等。在琢工上有圆雕、浮雕、浅浮雕等，造型更加美观多样。 ④ 由于齐家文化玉器琢磨精细，加之地处黄土高原，气候干燥，厚厚的黄土将玉器保存得较好。虽经历数千年，其皮壳、色沁十分漂亮。承蒙大自然的造化，玉器表面色泽的变化也十分丰富，即皮壳属旧、包浆丰满、光泽静穆、色沁艳丽。有的器物包浆下可见切割线及打磨痕。除早期玉石并用的外，大多数器物有沁，沁色有轻重之分，单色沁多，复色沁少，复色沁天然生成，过度自然柔和，十分艳丽抢眼。 ⑤ 齐家文化玉器中不泛精品。由于在时代上跨越夏末商初，纹饰多样，精美的已具有商代特征，即"一目了然看双线"。其神兽纹受良渚文化影响，但比良渚文化玉器粗犷。饕餮纹、兽面纹则受龙山文化影响，神形具似。礼器类则更是如此，琮、璧、圭、璋、钺基本与龙山文化同。但齐家玉文化又有自己的东西，如"纵目人面琮"之神人纵目似乎比四川三星堆之纵目早，目不如其突出；神人之口也不是雕琢的，而是用琮的射孔来替代，其造型极为夸张。究其根源，马家窑蛙纹彩陶罐蛙的嘴就是用罐口来替代的。大多数圆雕比较追求形似，后期则逐渐追求神似。真正写意的则多为动物类，如羊、兔、蛙 、蝉等。从大量的玉器上看，齐家玉文化因其地理位置位于中原的西北，受龙山文化、良渚文化的影响是必然的，但又是滞后的。 ⑥ 同齐家文化一样，齐家玉文化也涵盖了数十万平方公里。它地处大西北，几千年来由于沙漠的变迁，一座座城堡，一个个村落，全部被沙化湮没。古城堡、聚落的湮没使河陇、河西的地貌迭变得更加复杂 ，加之齐家文化的考古平台十分分散，因此考古玉器发现相对少。反之，历经沧海桑田而暴露于地表的田野文物则相对多，因此民间流失较多则不足为怪了。从另一面看，千百年来厚厚黄土、沙层的湮没又使它保存得相对完好。特别是在甘肃的褐红色黄土中，研磨精细、用料上乘的齐家玉器千变万化，包浆徐徐铺满，色沁层层更迭，红、橙、黄、绿、黑、青、蓝、紫，光泽静穆，十分艳丽 。

五、齐家文化的消亡和齐家玉文化的延续

同良渚文化、红山文化一样，齐家文化也在3800年前突然消失了，其原因史学家众说纷纭。良渚文化被洪水淹没，其文化消失是必然的。那齐家文化呢？据水涛先生的文章说："到

齐家文化中晚期阶段，出现了青铜制品，开始进入青铜时代。大约距今4000年开始，由于中国西部气候环境条件逐步恶化，新冰期气候的长期作用，使这一地区在气候适宜期中发展起来的农业经济遭到彻底破坏。农业经济的解体迫使定居在河谷地区的大量人口开始分散迁徙到更广阔的空间范围之中，从事简单的畜牧生产活动。这种经济生活的重大转变，使文化的发展出现了分化的趋势，主流文化消失后，在甘青地区形成了小而分散的文化分布格局。"这就是说齐家文化的消亡，并不是像良渚文化被洪水冲没那样，一下子就消失了，而是"形成了小而分散的文化分布格局"被保存下来了。事实正是如此，齐家文化玉器的确有它的延续性，它的造型、纹饰有齿状扉牙（夏代特征），又有兽面纹、饕餮纹和"一目了然看双线"（商代特征），等等，即它们既有夏代特征又有商代特征，并还不断地延续着，有些玉璧的纹饰甚至与春秋战国的纹饰同。当时，尽管中原战乱不止，但偏僻的西北却相对安定，正是由于这一特殊性，使齐家玉文化得以延续，也使这些小而分散的格局为分别形成以后的辛店文化、寺洼文化、卡约文化、四坝文化、沙井文化、先周和西周文化、诺木洪文化以及最近发现甘肃礼县的先秦文化奠定了基础。这种独特的文化渊源和空间结构，从河陇地区走出周、秦两个王朝就不足为怪了。严格地说，如果考虑齐家玉文化的延续性和辽阔的地域性，齐家玉文化称为"西北玉文化"、"西北玉"就更贴切一些了。

齐家文化消失了，它来得突然，去得仓促，一切的一切都消失了，只留下这一件件不朽的精美的玉器向人们诉说着那远古微弱的信息！

近十几年来，在良渚文化、红山文化玉器研究不断深入的推动下，形成了中国古玉文化研究的热潮。一些专家学者开始关注西北地区的齐家文化玉器。如杨伯达先生、殷志强先生、张广文先生、雷从云先生以及台北杨美莉女士等都有论述，但由于种种原因，齐家文化玉器的面貌及特征尚不为人们所完整认识，以致使不少收藏爱好者与市场上齐家玉文化之玉器失之交臂，这当然是十分遗憾的了。为此，特介绍几位专家对齐家文化玉器的论述和部分收藏家所收藏的一些齐家文化玉器，以求共飨。

附一：杨伯达先生在《和田玉文化论纲》（载《收藏》2001年第8期一文中论述道："和田玉进入王室始于齐家文化，盛于夏商。此时的砣机已改用青铜砣子带动蘸水沙治玉子成器。有了良玉和利器，夏商玉器工艺的提高成为可能。"

"和田玉发现者理应是昆仑山北坡河流两岸的原始人。由于新疆沙漠考古十分艰苦，近50年来虽已取得重大成绩，但是仅以和田玉器的发现来说尚不能尽如人意。迄今所见史前玉器均集中于楼兰古遗址，大多是无孔玉斧，有白玉、青白玉、绿玉和墨玉，均为采集所得，并非正式发掘品。从其出土地点及玉质观察，均不外乎昆仑山东端及阿尔金山河流或戈壁滩上的子料。至于昆仑山中段和田白玉河和墨玉河以及西段北坡所产子玉的器物则难得一见。

这些无孔玉斧大约40件，均较小，大多为长梯形，手握起来极为容易。下弧刃，有使用痕迹，表面有风沙吹打留下的大小不一的圆坑，说明这批玉斧暴露在沙漠上已经十分久远了。从器型判断可能是新石器时代晚期之物，大约距今4000年上下。这些斧头是用于生产的，尚不具有装饰或祭祀的功能。

甘肃、青海两地的齐家文化遗址或墓葬出土了一批和田玉玉器，兹扼要地介绍如下：

齐家玉文化是在秦安大地湾仰韶文化玉器的土壤上，接受了良渚文化的影响而形成的以琮、璧为主体的玉文化。所见的玉器有斧、锛、铲、凿、钺、多孔刀、镯、环、佩、璧、琮、多璜联璧及璧羡等，都是模拟生产工具的几何体玉器。最为优秀的玉琮是出自静宁县治平乡后柳河村的三节绿玉琮和瓦珑纹绿玉琮。这些玉器显然是玉工具和玉礼器。齐家文化用玉有青白、青、绿等色，可初步确认为和田玉的有15件，其产地可能是阿尔金山或昆仑山余脉之玉矿，当然也不排除出自甘肃境内的玉矿，如榆中的玉石山玉矿即是很有研究价值的古玉矿。这批和田玉均为球琳系列。

齐家文化玉文化是否是西北球琳玉文化的源头？答复是否定的。至迟在仰韶文化早期（距今6500—6000年），由鸳鸯玉和和田玉两种玉料组成，有发笄和坠饰，均为实用品和装饰品，这就是甘肃土著文化的胚胎。

附二：殷志强先生在《中国古代玉器》（上海文化出版社2000年版）一书中论述："齐家文化在考古学上归入新石器时代，但已出现铜器，相当于金石并用时代，绝对年代约为公元前2000年，相当于夏代。齐家文化玉器主要为生产工具和礼器。出土的玉铲、玉锛等工具，均采用了硬度较高的玉料，制作精致，器型规整，通体磨光。有的玉斧、玉铲以及玉琮等，光润美观，琢磨更精，可能与礼制用玉有关。出土数量最多的还是玉石璧，甘肃威武皇娘娘台蟇地多出玉石璧，少则一件，48号墓多达83件，应与礼仪、殉弄有关。齐家文化玉石璧常留有明显的特征，器型不甚圆规，器壁厚薄不匀，内缘或外缘常留有带齿细刃边，璧中间常有一弦轮，使璧分为厚薄两半，有学者认为与日月崇拜有关。"

附三：张广文先生在《中国玉器鉴定与欣赏》（上海古籍出版社1999年版）一书中论述："新石器时代玉器的分布非常广泛。我国东北、华北、华东、华西、华南等地区，都发现了大量的玉器。位于黄河中游地区的仰韶文化（约为公元前5000—前3000年），出现了玉璜、玉刀、玉环、玉笄等玉器，黄河上游地区的齐家文化（首先发现于甘肃省县齐家坪而得名，年代约为公元前2000年左右），出现了制造工艺较高的玉铲、玉锛、玉凿、玉璧、玉璜。"

附四：李天铭、刘志华先生在《甘肃省博物馆藏齐家文化玉器》一文也有专门论述。详见紫禁城出版社出版的《出土玉器鉴定与研究》。

彭燕凝　彭仁厚
2008年6月

精品图目

齐家文化

玉器精品鉴赏

玉琮

[局部]

名称：双面人面琮

年代： 齐家文化

玉质： 和田白玉

尺寸： 高44毫米,长射径112毫米,
短射径82毫米

鉴别与欣赏： ① 玉器开窗呈白色,有自然形成的绺裂、白糁和黑糁,局部有南宋官窑瓷器似的"开片"、"金丝铁线"和玉本身呈现的金色颗粒。 ② 全器用料上乘,琢磨、抛光均佳,为圆雕器,玉工刀法娴熟,人面形象生动。玉受沁后,出现红沁、黑褐沁、蓝沁、黄沁等,沁色层层叠叠,包浆徐徐铺满,全器晶莹通透,五光十色,时代特征极开门。 ③ 玉人早已出现,在四川巫山大溪文化遗址出土的玉人面佩,距今约5000多年,但像齐家文化这样独特造型的不多见。人面用琮的射孔来替代人的嘴,显得特别生动和张扬。这与马家窑彩陶罐上蛙纹中蛙嘴用罐口来替代是一脉相承的。这也是齐家文化玉器魅力之所在。本器双目特大,特别突立,也即突出的"纵目"。据传,古蜀国第一代王蚕丛"其目纵","蚕丛始于岷山石室之中",岷山——岷江,而它的更北、更西,就是甘肃、青海、昆仑山。昆仑山的正神烛龙是"直目正乘"——即纵目之意。这就是说从三星堆的纵目人面,到岷山的蚕丛"其目纵",到齐家文化的纵目玉琮应是有源有序的。四川汶川营盘山遗址出土的彩陶片,就更说明了这个问题。

名称：羊面琮

年代： 齐家文化

玉质： 青玉

尺寸： 高92毫米，上端射径48毫米，
下端射径28毫米

鉴别与欣赏： ① 青玉琢制，受沁后有灰白色、赫色沁斑和绺裂，局部有黑糁。年代特征极开门。 ② 全器整体造型为一羊头，羊嘴用下端射孔替代，形象十分逼真，雕刻刀法娴熟，线条流畅自然，加上研磨精细，抛光极精，晶莹剔透，艳丽非凡，是齐家文化玉礼器中难得的珍品。 ③ 本器十分特殊，射孔上大下小，孔径相差很大，比较厚重，不似把玩之器，应属玉礼器范畴，故定名为琮。

名称：三羊圆形琮

年代：齐家文化

玉质：和田青玉

尺寸：高96毫米，上端射径126毫米，

下端射径124毫米，孔径96毫米，最大尺寸168毫米

鉴别与欣赏：　①玉呈青绿色，有自然裂纹和褐色沁。　②受沁后，局部有褐黑色、白糁，玉质极透，包浆滋润，皮壳属旧，时代特征极开门。　③三个羊头，呈60度均匀分布。羊头为半圆雕，雕刻刀法娴熟，造型栩栩如生。全器琢磨精细，抛光极佳，晶莹滋润，整体形象显得雍容华贵，应是齐家文化之精品。　④齐家文化以畜牧、农耕为主，有的学者称其为西方羌文化的源头。中国古代称羌为"西方牧羊人"，以羊为图腾。在齐家文化的玉、石器中，不时会有羊作图腾的形象出现。

名称：化石人面琮

年代：齐家文化

玉质：化石

尺寸：高32毫米,上端射径52毫米,
　　　孔径24毫米

鉴别与欣赏：　　① 化石露底，局部有钙化斑和绺裂，受沁后，出现乳白色饭糁，化石由动物骨骼变成。由于在入土前曾经被人把玩，故表面形成一层较厚的皮壳，包浆凝重，时代特征极开门。　　② 人面琮为齐家文化玉礼器琮的标准器型之一，琮的射孔往往作为神人的大嘴，与新石器时代晚期马家窑文化彩陶罐上的蛙纹，用罐口来作蛙口一样，两者是一脉相承的。本器虽小，但其制作规整，其礼仪特征全部具备。　　③ 在齐家文化广袤的土地上，有大量的化石出现，如和政县就发现大量的化石群并修建了亚洲最大的化石博物馆。我们的先民——齐家人用化石作礼器，是再自然不过的了。

名称：神人兽面琮

年代：齐家文化

玉质：青玉

尺寸：高100毫米,上端射径93毫米,

下端射径88毫米

鉴别与欣赏： ① 受沁后，有大片褐色沁斑和绺裂，玉质晶莹，半透明，制作精细，雕刻细腻，年代特征开门。 ② 琮分为两部，上半部雕刻三道弦纹，两长一短，下半部雕刻有仿照良渚文化的神人兽面纹饰。由于是仿造，整体造型只能表现出模仿图形、图案而追求形似、规整、讲究对称的趋向，似乎不太重视纹饰的神似、柔美、流畅和那种栩栩如生的神韵。

名称：有男、女人像的方琮

年代：齐家文化

玉质：青玉

尺寸：高136毫米,上端射径94毫米,
孔径60毫米

鉴别与欣赏： ① 青玉露底，局部有钙化斑和石斑，有绺裂和红沁。本器包浆凝聚，皮壳属旧，时代特征极开门。 ② 玉琮为齐家文化的标准器型，光素无纹，琮的两个平面上，分别凸雕了一男一女全裸像，生殖器明显，看来与生殖崇拜有关。

名称：**人面琮**

年代：齐家文化

玉质：青玉

尺寸：长156毫米,射径98毫米,
孔径90毫米

鉴别与欣赏： ① 青玉底，玉质晶莹，有透明感，边缘有自然缺口，受沁后有黑糁、褐黑色斑和褐红色沁，包浆滋润，时代特征开门。② 琮的两面以浅浮雕雕刻人面，形象鲜明，栩栩如生。在新石器时代马家窑彩陶文化中就有"人头罐"的人头圆雕，晚于它的齐家文化的先民们对自己形象的崇拜和追求就不足为怪了。全器琢磨精细，抛光极佳，大气凝重，神韵自然，是齐家文化玉礼器中的精品。

名称： **神面青玉琮**

年代： 齐家文化

玉质： 青玉

尺寸： 高100毫米，上端射径104毫米，
孔径86毫米

鉴别与欣赏：　①　青玉露底，局部有钙化斑和石纹，玉受沁后，出现白色饭糁，包浆凝聚，皮壳属旧，时代特征极开门。　②　本玉琮的两个侧面上分别雕刻有神人人面像，整体造型与同时期湖北天门市石家河文化遗址出土的人面玉雕像相近。石家河文化遗址为新石器时代晚期（距今4600~4000年），距齐家文化所在地十分遥远，因此本玉琮所透露的信息是值得探究的。

名称：有良渚文化纹饰方琮

年代：齐家文化

玉质：青玉

尺寸：高50毫米，上端射径98毫米，
孔径86毫米

鉴别与欣赏： ① 青玉露底，玉质晶莹通透，两面雕刻神兽纹，做工精细，抛光极佳，十分艳丽；包浆润泽，皮壳属旧，时代特征极开门。 ② 长江下游最早、最为著名的文化是良渚文化，琢磨玉器是良渚文化的重要特征之一。良渚文化玉器品种较多，可分为礼仪、佩挂、镶嵌穿缀用玉三大类。礼器玉多为琮、璧、钺、斧、玉杖首。佩挂类为珠、坠、管佩等组成的成串项链。镶嵌主要是玉粒和玉泡。从总体上看其玉器多呈圆形或方形，有一定的程式。 ③ 本器用浅浮雕的手法，雕琢了类似良渚文化的神兽纹，但相比之下又显得简单和粗犷得多。这也是齐家文化学习良渚文化又滞后于良渚文化的例证。

名称：兽首扁方琮

年代：齐家文化

玉质：青玉

尺寸：高68毫米,上端射径125毫米,
孔径106毫米

鉴别与欣赏： ① 玉晶莹滋润，色沁艳丽，有绺裂、白色斑块和白色饭糁，时代特征极开门。 ② 琮的两面雕兽首纹，为浅浮雕，玉工琢磨工艺技法娴熟，落刀、运刀和受刀非常洒脱，兽首形象十分生动，应是部族首领祭祀之重器。先民将神首图形运用在琮上，其内容和形式达到和谐的统一，增加了琮的神秘和美感。 ③ "和田玉进入王室，始于齐家文化，盛于夏商，由于有了铜质的铊机和已经改进的青铜铊子带动蘸水沙磨治玉子成器，有了良玉和利器，夏商玉器工艺提高成为可能。"本器就应是这个时期之物，兽首纹是饕餮纹的前身，饕餮纹也是商代典型纹饰，而齐家文化涵盖夏商也是不会错的。

名称：三羊六面琮

年代：齐家文化

玉质：和田青玉

尺寸：高67毫米，上端射径87毫米，下端射径85毫米，
孔径74毫米

鉴别与欣赏： ① 玉呈青绿色，有自然裂纹和褐色沁。 ② 受沁后，局部有褐黑色、白糁，玉质通透，包浆滋润，皮壳属旧，时代特征极开门。 ③ 三个羊头，均匀分布六面琮的三个面上，羊头为半圆雕，雕刻刀法娴熟，造型栩栩如生；全器琢磨精细，晶莹滋润，应为齐家文化之精品。

名称：双羊小方琮

年代：齐家文化

玉质：青玉

尺寸：高68毫米，上端射径84毫米，
　　　　孔径72毫米，最大尺寸142毫米

鉴别与欣赏：　①　玉呈青黄色，受沁后有自然绺裂，牛毛纹，局部有褐黑色糁和白糁，褐红色沁。玉质极透，包浆滋润，皮壳属旧，时代特征极开门。　②　在琮的两面各有一个羊头，羊头为半圆雕，玉工雕刻刀法娴熟，造型栩栩如生，应是图腾形象。全器琢磨精细，晶莹滋润，整体形象显得雍容华贵，应为齐家文化之精品。

名称：双羊镯式琮

年代：齐家文化

玉质：青玉

尺寸：孔径62毫米，厚38毫米，
        最大外形尺寸132毫米

鉴别与欣赏： ① 玉呈青色，晶莹滋润，受沁后有黑糁和褐色、灰色沁，包浆凝聚，光泽强烈而温润，年代特征极开门。 ② 本器雕刻有两个羊头，形象生动，充分表现出齐家文化玉工们追求具象写实的意境，追求纹饰的柔美、流畅和那种栩栩如生的神韵。

名称：双牛圆形琮

年代：齐家文化

玉质：白玉

尺寸：孔径80毫米，高64毫米，

最大外形尺寸238毫米

鉴别与欣赏： ① 玉呈白色，晶莹滋润，受沁后有乳白斑块糁和黄色、灰色沁，包浆凝聚，光泽强烈而温润，年代特征极开门。 ② 本器雕刻有两个牛头，刀工犀利，线条流畅，形象简洁明快，充分表现出齐家文化玉工们技艺的高超和对事物的理解，以及追求具象神韵艺术的超前观念。

名称：**牛面琮**

年代：齐家文化

玉质：青玉

尺寸：高145毫米，射径92毫米，
孔径86毫米

鉴别与欣赏： ① 玉质晶莹，受沁后，有褐色、灰色沁斑和黑色丝状
糁，局部有绺裂和自然缺口，包浆老气，皮壳属旧，年代特征开门。
② 琮的两面雕刻有牛头面，为浅浮雕，图形简单，形象逼真，琢磨
精细。全器大而薄，最薄处仅有1～2毫米，可见当时玉工琢磨技艺之
精，是齐家文化玉礼器中不可多得的精品。

名称: **饕餮纹青玉琮**

年代: 齐家文化

玉质: 和田青玉

尺寸: 高172 毫米,上端射径92毫米,孔径64毫米

鉴别与欣赏: ① 玉晶莹滋润,色沁艳丽,有白色绺裂和白色饭糁,时代特征极开门。② 琮四角雕双面饕餮纹,为浅浮雕,琢磨工艺精到,落刀、运刀、受刀非常洒脱,使饕餮形象生动,十分威严,有神秘感,应是部族首领祭祀之重器。③饕餮纹为商、周青铜文化的典型纹饰,因此本器应为齐家文化晚期之作。

名称：神兽纹方琮

年代：齐家文化

玉质：青玉

尺寸：高156毫米，上端射径64毫米，孔径57毫米

鉴别与欣赏： ① 玉质晶莹通透，四面雕刻神兽纹，做工精细，抛光极佳，受沁后出现的青翠沁色，十分艳丽；包浆润泽，皮壳属旧，时代特征极开门。 ② 本器采用浅浮雕的手法，雕琢了类似良渚文化的神兽纹，但相比之下显得简单和粗犷得多。齐家文化晚于良渚文化，在此类玉琮中可以找到齐家文化向良渚文化学习和交融的印迹。

名称：双面虎头琮

年代：齐家文化

玉质：和田青玉

尺寸：高120毫米,上端射径134毫米,
下端射径130毫米,孔径108毫米

鉴别与欣赏：　①　玉呈深绿色，温润细腻，晶莹通透，琮下边缘有自然缺口，受沁后，有绺裂和褐黑色、白色沁，包浆滋润，皮壳属旧，年代特征开门。　②　虎头为浅浮雕，雕刻线条流畅自然，刀法娴熟，纹饰柔美。全器造型逼真，研磨精细，抛光极佳，整体效果显得晶莹滋润，浑圆饱满，大气凝重，充分表现了玉工们的精湛技艺，是一件难得的艺术珍宝。　③　本器琢磨、抛光极精，但为什么边缘又有缺口？一般来说，玉琮上部代表天，下部代表地，在入土时，往往要在其下部敲一些缺口，表示"天圆地方"地坑凹凸不平之意。

名称：双面虎头琮

年代：齐家文化

玉质：和田青玉

尺寸：高210毫米，上端射径152毫米，

下端射径150毫米，孔径135毫米

鉴别与欣赏： ① 玉呈深绿色，温润细腻，晶莹通透，琮下边缘有自然缺口，受沁后，有绺裂和褐黑色、白色、红色、黄色和蓝色沁，局部钙化呈象牙黄，包浆滋润，皮壳属旧，年代特征开门。 ② 虎头为浅浮雕，雕刻线条流畅自然，刀法娴熟，纹饰柔美。全器造型逼真，研磨精细，抛光极佳，整体效果显得晶莹滋润，浑圆饱满，大气凝重，充分表现了玉工们的优秀技艺，是一件难得的艺术珍宝。

名称：弦纹圆琮

年代：齐家文化

玉质：白玉

尺寸：高139毫米，上端射径86毫米，
　　　　孔径74毫米

鉴别与欣赏：　①基本钙化，露底处白玉成块状、条状，半透明，全器造型美观，年代特征极开门。　②本器由三道弦纹四等分组成，是齐家文化玉琮的另类；造型浑圆饱满，大气凝重，十分耐人赏玩。

名称：弦纹圆琮

年代：齐家文化

玉质：青绿玉

尺寸：高59毫米,上端射径89毫米,
孔径77毫米

鉴别与欣赏： ① 玉质碧绿晶莹，有灰白色透明糁，局部钙化，全器自然碎裂，呈瓷器开片状，十分漂亮，时代特征极开门。 ② 全器呈圆形，由两道弦纹分四个部分组成，上、下射微微外撇，整体造型十分美观。本器色沁因像瓷器开片一样，层次透明，绚丽非凡，由于用料上乘，研磨精细，保存完好，故弥足珍贵。

名称：三节青玉琮

年代：齐家文化

玉质：和田青玉

尺寸：高72毫米；

孔径90 毫米

鉴别与欣赏： ① 玉质晶莹通透，呈青绿色，局部有白色和黑色饭糁，研磨精细，琢磨抛光均佳，包浆饱满，皮壳属旧，时代特征极开门。 ② 本器用料上乘，制作规矩，由射到壁过渡圆润，方体微凸。由于内外抛光，全器显得温润晶莹，色沁十分艳丽，是齐家文化礼器中的佼佼者。 ③ 本玉琮分为三节，大小适中，既是礼器，又是把玩器。正是由于古代先民们的长期把玩，形成了较好的皮壳，尽管被黄土掩埋数千年，但此器仍然如此滋润、漂亮。 ④ 据资料介绍：1984年，甘肃省静宁县治平乡后柳沟村村民挖出一个齐家文化祭祀坑，出土了三璧四琮，玉琮玉质纯净，莹泽细润，切割平匀，圆方有度，工艺精细，纹饰精美，充分展示了齐家文化治玉工艺的高超水平。1996年国家文物鉴定委员会专家组把该玉琮确认为国宝，杨伯达先生说它是"齐家文化最优秀的玉琮"，并把这批玉器称为"静宁齐家七宝"。

名称：瓦珑琮（又名：竹节琮）

年代：齐家文化

玉质：绿玉

尺寸：高106毫米，上端射径148毫米，
孔径128毫米

鉴别与欣赏：　①　松青绿色沁，十分晶莹润泽，虽局部有绺裂，但是显得更加苍劲古老。玉表面被一层宝光色包裹，艳丽非凡。全器包浆滋润，皮壳属旧，时代特征极开门。　②　"绿玉深绿如染成宫绿色或如松青绿者为佳。"（见张广文：《中国玉器》）"最为优秀的玉琮是出自静宁县治平乡后柳河村的三节绿玉琮和瓦珑纹绿玉琮。"（见杨伯达语：《收藏》第104期）本器则为松青绿色，非常少见。本琮选材上乘，琢磨精细，造型独特。琮之四棱角有凸起的三节瓦珑（竹节），使全器浑圆饱满，大气凝重，加之色沁松青绿恬淡温润，古韵雅典，更显得庄严静穆，神秘感倍增。

名称：长竹节琮

年代：齐家文化

玉质：青玉

尺寸：高110毫米，上端射径60毫米

孔径48毫米

鉴别与欣赏： ① 青玉露底，受沁后，局部有钙化和绺裂，玉表面被一层五彩斑斓的色沁所包裹，显得苍劲古老。全器包浆滋润，皮壳属旧，时代特征极开门。 ② 本琮选材上乘，琢磨精细，造型独特，琮之四棱角有凸起的三节瓦珑（竹节），使全器浑圆饱满，加之色沁丰富，古韵雅典，更显得庄严静穆，给人以神秘感。

名称：方竹节琮

年代： 齐家文化

玉质： 青玉

尺寸： 高108毫米，上端射径85毫米

孔径68毫米

鉴别与欣赏： ① 青玉露底，受沁后，局部有钙化和绺裂，玉表面被一层五色斑斓的色沁所包裹，显得苍劲古老。全器包浆滋润，皮壳属旧，时代特征极开门。 ② 本琮选材上乘，琢磨精细，造型独特，琮之四棱角有凸起的三节瓦珑（竹节），使全器浑圆饱满，加之色沁丰富，古韵雅典，更显得庄严静穆，给人以神秘感。 ③ "齐家文化是和田玉进入中原的第一站"，"最为优秀的玉琮是出自静宁县治平乡后柳河村的三节绿玉琮和瓦珑纹绿玉琮。"（见《收藏》第104期杨伯达语）这是对齐家文化玉器的最好评价。

名称：**多节青玉圆琮**

年代：齐家文化

玉质：青玉

尺寸：高92毫米，上端射径58毫米

孔径45毫米

鉴别与欣赏： ① 玉质晶莹，有条状红沁、白糁和自然形成绺裂沁斑。全器琢磨精细，抛光极佳，包浆滋润，年代特征开门。 ② 琮为圆型，有四组四凸起弦纹，体细长，射口外撇，造型独特，十分清秀，整体形象表现出一种恬淡澹泊而又玉洁冰清的艺术美。

名称：多节青玉琮

年代： 齐家文化

玉质： 青玉

尺寸： 高145毫米，上端射径84毫米，
孔径73毫米

鉴别与欣赏： ① 琮由五节组成，玉质晶莹滋润，黑红色沁占据约1/2，与玉本色青绿色相衬十分漂亮，年代特征开门。 ② 本器用料上乘，做工精细，形态挺拔，显得特别庄重气派。在齐家文化众多玉器中，此器也卓尔超群，堪称上乘之佳品。

名称：白玉套琮

年代：齐家文化

玉质：白玉

大琮尺寸：高284毫米，上端射径118毫米，孔径97毫米

小琮尺寸2：高268毫米，上端射径72毫米，孔径55毫米

鉴别与欣赏： ① 两琮局部钙化，白玉露底，有绺裂、石纹和黑色、黄色沁斑，包浆润泽，皮壳属旧，时代特征开门。本套器是在不同时间、不同地点和不同人手里买到的，对研究古人玉加工的技术很有分量。 ② 本器为齐家文化玉礼器中独特琮的器型——套型琮。从大小、石纹和色沁上看，两个琮均是从一个玉料上取下来的，把小琮放大琮孔内，石纹的走向和石纹周边所形成的沁色竟全然吻合，而小琮和大琮的孔壁距离，仅有两个多毫米。这就是说古人所用的钻孔套管的璧厚不足1毫米。要知道这是一个长284毫米的琮啊！古人套管取芯，要把小琮当芯取出，是相当不易的；要知道在那时还没有金属材料（尽管在齐家文化后期出现了中国最早的青铜镜），用什么样的套管？什么材料做一个长300多毫米、厚仅仅1毫米用以钻280多毫米玉石孔的套管？一个个的谜，令人十分难解。

名称：**大长琮**

玉质：和田白玉

尺寸：高214毫米，射径90毫米，
孔径70毫米

鉴别与欣赏： ① 玉呈红沁和褐黄沁，红黑色牛毛纹，局部钙化，露底处为白玉，十分润泽。孔两面对钻，内有茬，时代特征极开门。② 典型的齐家文化玉礼器，一切古玉的特征都能在它上面找着，色沁变化自然，丰富多彩。全器硕大伟岸，色泽丰富艳丽，玉质晶莹滋润，包浆呈宝光色，虽光素无纹，但十分耐看。专家认为，这应该为齐家文化早期之物。 ③ 据资料介绍：距陕西西安市西南20公里的沣河岸上泉村，曾发现一玉石枕头——大琮，并找到发现地，确定为龙山文化——西周时期器之物，命名为"上泉大玉琮"，其玉琮体形伟状，高207毫米。本器比上泉大玉琮还长7毫米，据收藏的人介绍，当地的古玩商在路过一个偏僻的乡村找水喝时，在炕头上发现此物。无独有偶，本器也是农民作为枕头睡了几十年，收藏人用一辆"飞鸽"自行车换取而得。据说齐家文化还有更大的可以做桌子立柱那样大的琮。

名称：大长琮

年代：齐家文化

玉质：青玉

尺寸：长182毫米，射径78毫米，
　　　孔径69毫米

鉴别与欣赏： ① 研磨、抛光极佳，质地透灵，包浆凝聚，光泽强烈而滋润，出现五色花沁，年代特征明显。 ② 全器晶莹剔透，五彩缤纷，灿烂夺目，艳丽非凡，仿佛摆在你面前的不是一件古代玉器，而是现代新加工的漂亮的玻璃制品，它是那么漂亮美观，那么富丽堂皇，那么的气度不凡！

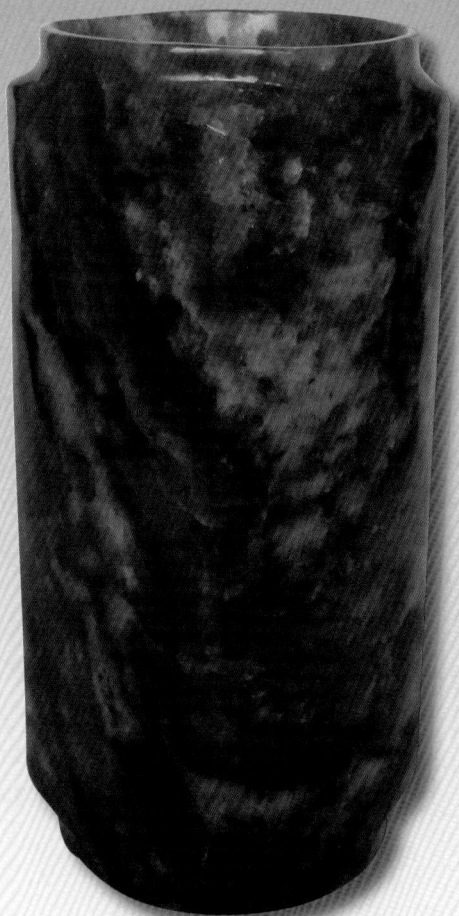

名称：**小长琮**

年代：齐家文化

玉质：青玉

尺寸：长200毫米，上端射径50毫米，
下端射径48毫米；

鉴别与欣赏：　①　受沁后色彩斑斓，晶莹剔透，十分漂亮。包浆凝聚，光泽强烈而温润，年代特征开门。　②　本器琢磨精细，抛光极精，器细长而壁极薄（最薄处仅1~2毫米），加上大自然对色沁的渲染，使全器显得富丽堂皇，漂亮非凡，显示了齐家文化玉工十分精湛的制作工艺，堪称为艺术珍品。

名称：青玉大琮

年代：齐家文化

玉质：和田青玉

尺寸：高200毫米，上端射径158毫米，

下端射径156毫米，孔径190毫米

鉴别与欣赏： ① 玉成绿色，晶莹滋润，有白色钙化斑及自然绺裂，受沁后，出现黑褐沁、灰白沁，衬以青灰色玉底，使全器显得温润晶莹，十分美观，玉琮表面包浆凝聚，年代特征极开门。 ② 本器为和田玉加工之最大玉琮，做得十分精美。它大而灵秀，琮壁最薄处仅十来毫米，十分通透。由于制作规整，琢磨精细，全器晶莹亮泽，虽光素无纹，但大器凝重，艺术性极强。这种艺术上的张扬和磅礴恢宏的气势，代表了北方黄河先民剽悍朴实的灵魂和气魄，是齐家文化中的精品。 ③ "以苍璧礼天，以黄琮礼地"，玉琮是古代先民们从事祭祀活动的重要礼器之一，在选材上，均选用上乘玉材，在加工上，均琢磨极精，抛光极细，甚至使器物表面达到玻璃镜面效果。④齐家文化玉琮同其他文化玉琮一样，一般是上大下小。

名称：墨玉大方琮

年代： 齐家文化

玉质： 和田墨玉

尺寸： 高260毫米，上端射径210毫米，
下端射径204毫米，重17.5千克

鉴别与欣赏： ① 玉成青黑色，有白色、绿斑及自然绺裂，受沁后，出现黑褐沁、灰白沁，衬以墨绿色玉底，使全器显得温润晶莹，十分美观。玉琮表面包浆凝聚，年代特征极开门。 ② 本器为和田墨玉加工之最大玉琮，但又做得十分精美。由于制作规矩，琢磨精细，全器虽光素无纹，但大器凝重，艺术性极强。

名称：嵌绿松石方琮

年代：齐家文化

玉质：青玉

尺寸：高107毫米，上端射径90毫米，
　　　　孔径68毫米

鉴别与欣赏：　①　局部钙化，玉呈青绿色，晶莹剔透，有绺裂和灰色沁斑。全器制作精致，抛光极佳，保存十分完好。包浆凝聚，皮壳属旧，时代特征开门。　②　本器亦为齐家文化中琮的标准器，用料上乘，做工精细，特别是在器的一面嵌有五颗绿松石，更显器物的高贵，应是古代先民祭祀用的重要的礼器。

名称：墨玉大矮琮

年代：齐家文化

玉质：和田墨玉

尺寸：上端射径310毫米，下端射径302毫米，

孔径260毫米，高134毫米，对角线最大尺寸365毫米

鉴别与欣赏： ① 玉呈墨绿色，有浅绿色丝状沁、片状沁或石纹。琮的弧面形成似玻璃体状的镜面，十分漂亮，包浆滋润，皮壳属旧，时代特征极开门。 ② 本器十分巨大，应为齐家文化重大祭祀活动的重要礼器。由于研磨、抛光十分精细，虽历经数千年，仍显得雍容华贵，充分显示了齐家文化玉工们精湛琢玉的技艺和高超的审美能力。

名称：红沁大方琮

年代：齐家文化

玉质：青玉

尺寸：高66毫米，上端射径124毫米，
孔径105毫米

鉴别与欣赏： ① 青玉露底，玉受沁后，出现红沁、黑褐沁、蓝沁和黄沁等，特别是大片的朱沙红沁非常少见。全器沁色多变，包浆铺满，使玉器晶莹通透，五光十色， 年代特征极开门。 ② 本器为齐家文化玉礼器琮的标准器型，虽光素无纹，但其制作规整，用料上乘。

名称：矮方琮

年代： 齐家文化

玉质： 青玉

尺寸： 高73毫米，上端射径124毫米，
孔径103毫米

鉴别与欣赏： ① 青玉制作，有明显的古代加工的线切痕。受沁后，局部有钙化、绺裂和自然缺口，年代特征开门。 ② 虽是玉礼器，但加工、研磨和抛光一般，可能是齐家文化早期作品。由于有线切痕，可以对研究齐家文化玉器的加工工艺提供直接的信息。

名称：石夹玉琮

年代： 齐家文化

玉质： 石夹玉

尺寸： 高95毫米，上端射径130毫米，
孔径112毫米

鉴别与欣赏： ① 白玉露底，石性重，大片的钙化斑，玉受沁后，出现红沁、黑褐沁、蓝沁和黄沁等，全器晶莹通透，五光十色，富丽堂皇，时代特征极开门。 ② 为齐家文化玉礼器琮的标准器型，光素无纹、制作规整、用料上乘等的礼器特征全部具备。

名称：石琮

年代： 新石器时代晚期、齐家文化早期

玉质： 石

尺寸： 长85毫米，宽70毫米，高58毫米，上端射径64毫米
下端射径74毫米，孔径30毫米

鉴别与欣赏：　①　"石之美者曰玉"。本器由较细腻的灰色石料琢成，研磨较光，但侵蚀严重，射孔钻痕明显，时代特征极开门。　②属玉石并用器，由于是早期原始先民们的礼器，相对说来，做得比较规矩，研磨光滑，但毕竟由于工艺水平幼稚，朴质有余，美观不足，由于它相当古老，所以人们戏称道："它老得不能说话了。"本器具有一定的历史和考古价值。

名称：**白玉小红琮**

年代：齐家文化

玉质：白玉

尺寸：高42毫米，上端射径67毫米，
　　　孔径56毫米

鉴别与欣赏：　①白玉露底，受沁后出现大片红色沁斑，晶莹剔透，色彩艳丽。局部有绺裂，包浆滋润，皮壳熟旧，年代特征开门。　②为齐家文化玉礼器琮的标准器型，矮、小，光素无纹，用料上乘，制作规整。

名称：黄沁方琮

年代：齐家文化

玉质：青玉

尺寸：高55毫米，上端射径118毫米，
孔径106毫米

鉴别与欣赏： ① 青玉露底，局部有钙化斑，玉受沁后，出现红沁、黑褐沁、蓝沁和黄沁等，沁色层层展开，包浆徐徐铺满，全器晶莹通透，五光十色，富丽堂皇，时代特征极开门。 ② 为齐家文化玉礼器琮的标准器型，矮而光素无纹、制作规整、用料上乘等的礼器特征全部具备。

名称：**碧玉小方琮**

年代：齐家文化

玉质：碧玉籽料

尺寸：高34毫米，上端射径44毫米，
孔径39毫米

鉴别与欣赏：　①　玉质碧绿晶莹，有灰白色透明糁，局部红沁。全器呈自然碎裂状，像南宋官窑瓷器中的"开片"，十分漂亮，年代特征开门。　②　全器呈圆形，中部有一道弦纹，但又切出四个平面，整体造型十分美观，由于色沁呈自然碎裂的"开片"状，层次透明，绚丽非凡，加之用料上乘，研磨精细，保存完好，故弥足珍贵。

名称：**小八面琮**

年代：齐家文化

玉质：青玉

尺寸：高22毫米，上端射径45毫米，
　　　孔径38毫米

鉴别与欣赏：　① 琮下半部钙化呈灰白色，有黑糁，上半部青褐色。全器琢磨精细，色调搭配好看，显得十分清新乖巧，年代特征开门。② 本器做工精细，色泽滋润，小巧玲珑，耐人赏玩。

名称：天河石小方琮

年代：齐家文化

玉质：天河石

尺寸：高38毫米，上端射径30毫米，
孔径20毫米

鉴别与欣赏：　① 天河石又名青海翠，古代作为一种宝石，加工成各种制品。由于产量少，硬度高，加工不易，因此十分珍贵。本器呈块状翠绿色，受沁后有灰绿色、褐红色和白色等色块；局部有石纹，玉质晶莹，呈半透明状，十分漂亮；包浆凝聚，时代特征极开门。　②本器造型规矩，由于曾经被长期把玩，因此十分晶莹滋润，色沁艳丽。本器造型虽为齐家文化玉礼器琮的标准器，但小巧玲珑，十分可手，估计应是古人炫耀自己身份的饰品，当然作为礼器也未尝不可！

名称：镯式琮

年代：齐家文化

玉质：青玉

尺寸：上端射径94毫米，下端射径91毫米，
孔径80毫米，高29毫米

鉴别与欣赏： ① 玉呈青色，褐色沁，边缘有磕碰缺口和自然绺裂，包浆老气，皮壳属旧，时代特征开门。 ② 琮是古代是先民祭祀之物，用作手镯似乎不太可能。"镯式"是现代人们对它的称谓，先民们究竟用过没有，谁也不得而知，不过此琮上下两端均遭磕碰，能否证明是戴在手上使用时造成的？ ③ 日本国林已奈夫曾提出，琮可能源自一种妇女的手镯，以后逐渐演变成礼器。如果他当时能有这种齐家文化的标样应该是十分高兴的。

名称：葫芦形琮

年代：齐家文化

玉质：青玉

尺寸：长260毫米，高80毫米，大孔孔径86毫米，
　　　小孔孔径56毫米

鉴别与欣赏：　① 圆雕葫芦形状，两射孔向上，有自然形成的绺裂和脱落。全器晶莹通透，研磨精细，十分美观，年代特征极开门。② 新石器时代马家窑彩陶就有葫芦形状的彩陶罐和葫芦样纹饰，齐家文化玉礼器出现葫芦形玉琮也就不足为怪了，它充分反映了远古先民们对如同葫芦这种植物"多子、多孙"的期盼。用上乘的和田青玉，用这么大的玉料来加工，可见本器在先民心中无疑是十分神圣而又凝重的。

名称：扁平琮形玉器

年代：齐家文化

玉质：青玉

尺寸：长131毫米，宽115毫米，
孔径毫米，厚3毫米

鉴别与欣赏：　①　青灰色玉料，有褐色沁斑点，体为扁平微弧长方形，素面无纹，资料称之为"扁平琮形器"，包浆老气，年代特征开门。　②　齐家文化玉礼器中琮和璧为重器，种类较多，造型各异，但这种琮形器还少见。

玉箍

名称：多孔异型箍

年代：齐家文化

玉质：白玉

尺寸：高72毫米，外径73毫米，
　　　　厚3毫米

鉴别与欣赏：　①　本器用料上乘，但色沁极重，沁间有较多白色、黑色饭糁和牛毛纹，虽白玉露底，半透明，但又有红、黄绿等色沁，包浆滋润，皮壳熟旧，时代特征极开门。　②　本器外形像箍，在箍身上有三组（共六个）对穿的大孔，上面一组，下面两组。上面的每个大孔周围又各有三个小孔，每个小孔周围又有三道刻线，刻线呈放射状态向外，而下面的每个大孔周围却只有两个。整器上共有大小孔20个，分布均匀，浑然天成。整体造型做得规规矩矩，一丝不苟，显得十分庄重，绝非一般器，但又十分古怪，给人以神秘感。先民们用它来作什么？它到底蕴藏怎样的文化内涵？令人费解。总之此器属齐家玉文化不可知之典型器，藏家购买多年后，多方请教，也不知道它有什么用途，也无参照标样可寻。值得庆幸的是，最近据说某考古所也有类似的样件出土，并认为其用途不详。可见齐家文化玉器之诡异、之博大精深！

名称：**青玉异形箍**

年代：齐家文化

玉质：青玉

尺寸：高146毫米，口径62毫米，
　　　腰径54毫米

鉴别与欣赏：　　① 玉质晶莹滋润，有褐色沁、黑色丝状糁和绺裂，全器造型纤细挺拔，琢磨精致，包浆凝聚，年代特征开门。　② 有人认为这是圆形琮的变异，为"箍形琮"。是与否？不得而知。本器造型特别，十分秀美，耐人寻味。

名称：三层箍

年代：齐家文化

玉质：白玉

尺寸：高49毫米，口径39毫米，
腰径32毫米

鉴别与欣赏：　① 玉已质变，大半呈褐红色，有黑色丝状糁。全器晶莹滋润，包浆凝聚，皮壳属旧，年代特征极开门。　② 本箍中间一层宽，造型独特，色彩艳丽，由于有褐红色，是否是古代"涂抹朱砂"（在入葬前将器物涂抹一层"朱砂"）以防腐造成，但经历数千年后仍然晶莹滋润，就更加珍贵了。

名称：四层箍

年代：齐家文化

玉质：青玉

尺寸：高49毫米，口径44毫米，
腰径38毫米

鉴别与欣赏： ① 玉呈青绿色，有白糁，包浆滋润，年代特征开门。
② 玉箍晶莹通透，光泽强烈而温润，造型独特，研磨精细，大方美观，应是齐家文化玉器中的精品。

名称：玉箍

年代：齐家文化

玉质：青玉

尺寸：高89毫米，口径65毫米，
　　　　腰径58毫米

鉴别与欣赏：　　① 器造型粗犷，表面不甚平整，受沁后五花十色，十分艳丽；包浆滋润，皮壳属旧，时代特征极开门。　　② 玉箍是一种圆形筒状玉器，"箍"不是玉器专用名词，是后人依据器物的形状而命名的。这类器物中一些可能是镯，还有一些可能是饰件。箍形玉器出现于新石器时代，由于制造精致和形状特别而引起人们的重视。齐家文化就有各式各样的箍。

名称：**五色小箍**

年代：齐家文化

玉质：青玉

尺寸：高30毫米，口径46毫米，
　　　腰径40毫米

鉴别与欣赏：　　① 玉呈青绿色，微微泛黑，局部有颗粒状细红斑沁，半透明，加工精致，抛光细腻，包浆滋润，年代特征极开门。　　② 本器作为发箍，大小合适，制作也十分精巧，造型也比较美观，特别是它的色沁，红绿黑花，非常漂亮。

马蹄形玉器

名称：马蹄形玉器

年代：齐家文化

玉质：青玉

尺寸：高246毫米，上口径132毫米（长轴），
92毫米（短轴），下口外径68毫米，孔径45毫米

鉴别与欣赏： ① 玉呈青色，有褐红色、黑色沁斑和白色石斑，色沁层次分明，极透明。全器琢磨精细，造型优美，包浆老道，皮壳熟旧，时代特征极开门。 ② 器体呈筒状，通体呈倒置马蹄形，故名。上端呈规整的斜坡形口，下端平齐，筒壁内外光滑无纹，但制作得十分精美。

名称：马蹄形玉器

年代：齐家文化

玉质：青玉

尺寸：高218毫米；上口径177毫米（长轴），140（短轴）毫米，
下口外径126毫米，孔径98毫米

鉴别与欣赏： ① 玉呈青色，有褐红色、黑色沁斑和白色石斑，色沁层次分明，色泽丰富滋润。全器琢磨精细，造型优美，包浆凝结，皮壳属旧，时代特征极开门。 ② 器体呈筒状，通体呈倒置马蹄形，故名。上端呈规整的斜坡形口，下端平齐，两侧各有一小孔，可以穿系，筒壁内外光滑无纹，但制作得十分精美。 ③ 马蹄形玉器在红山文化遗存中不止一次发现这种器物，它们的共同特征都是孔径较大，可以套在手腕上作护臂器，也可以两孔穿绳悬挂；轻轻扣击即发出清脆悦耳之声，所以又有人认为它是乐器。但本器的出现似乎又不能证明这种假设。 ④ 齐家文化晚于红山文化500多年，受红山文化的影响是必然的，但经过吸收和改造，造出自己文化特色的作品也是必然的，特别是最近的考古发现证明从红山沿内蒙往西，经宁夏、甘肃至新疆，早就有一条古玉石之路。

玉璧

名称：墨玉领璧

年代：齐家文化

玉质：墨玉

尺寸：外径148毫米，孔径50毫米，
厚5～6毫米

鉴别与欣赏： ① 玉呈墨绿色，在璧的边缘和起层处透光可见青绿色，局部有白色颗粒状、条状沁斑；研磨精细，器表光滑，但仍可见古代玉工线切割痕迹时代特征极开门。 ② 齐家文化玉礼器是以琮和璧为主，据资料记载："出土最多的还是玉石璧，甘肃武威皇娘娘台墓地多出玉石璧，少则一件，48号墓多达83件，应与礼仪、殉葬有关。" ③ 璧为齐家文化玉礼器之典型器。由于是重要礼器，加工十分精细，双面都留下了两道圆弧状凸起的旋纹。在种被称为"领"的旋纹，在三星堆遗址和金沙遗址出土的璧上也曾有过，但比此器的"领更高，更明显，而且只有内圈。此器为我们了解早期领璧提供实物佐证。

名称：墨玉大璧

年代：齐家文化

玉质：墨玉

尺寸：外径323毫米，孔径90毫米，
　　　　厚14毫米

鉴别与欣赏：　①　制作简单，光素无纹，正面打磨光滑，背面毛坯。单面钻孔，孔壁略斜，含云母片，年代特征开门。　②　本器虽历数千年，但正面如镜面般光滑，光可照人。本器外径达323毫米，可谓大器，虽光素无纹，但端庄典雅，大气凝重，实为齐家文化玉璧中的佼佼者。

名称：**化石璧**

年代：齐家文化

玉质：化石

尺寸：外径195毫米，孔径63毫米，
　　　厚6毫米；

鉴别与欣赏：　①　褐红色底，白色珊瑚状化石，质地灵透，受沁后有黑糁和绺裂，包浆滋润，皮壳属旧，时代特征极开门。　②　用化石作器，在齐家文化玉器中屡见不鲜，"石之美者曰玉"，化石硬度与玉相当，且细腻滑润，齐家文化用它是顺理成章的。本器虽打磨精细，但不甚规圆，可能为齐家文化早期作品。

名称：化石璧

年代：齐家文化

玉质：化石

尺寸：外径214毫米，孔径66毫米，
厚9毫米

鉴别与欣赏：　①　褐红色底，白色珊瑚状化石，质地灵透，受沁后有黑糁和绺裂；包浆滋润，皮壳属旧，时代特征极开门。本器虽打磨精细，但不甚规圆，可能为齐家文化早期作品。

名称：青玉璧

年代：齐家文化

玉质：青绿玉

尺寸：外径220毫米，孔径65毫米，
厚6毫米

鉴别与欣赏： ① 青绿色，质地灵透，受沁后有白色、褐红色斑和绺裂；包浆滋润，皮壳属旧，时代特征极开门。 ② 本器为齐家文化玉礼器之典型器，打磨精细，抛光后看不见加工痕迹，但由于坑口不好，侵蚀比较严重，出现钙化斑。

名称：青玉璧
年代：齐家文化
玉质：和田青玉
尺寸：外径224毫米，孔径68毫米，
　　　　厚9毫米

鉴别与欣赏：　　① 青白色，质地灵透，受沁后有黑糁和绺裂，包浆滋润，皮壳属旧，时代特征极开门。　　② 本器打磨精细，抛光后看不见加工痕迹，但仍留有钻孔敲击接茬。

名称：试金石璧

年代：齐家文化

玉质：试金石

尺寸：外径204毫米，孔径76毫米，
　　　厚6毫米；

鉴别与欣赏：　① 黑色，质地细腻滑润；包浆滋润，皮壳属旧，时代特征极开门。　② 本器为齐家文化玉礼器之典型器，做工规矩，打磨精细，抛光后看不见加工痕迹，但仍留有切割时的一道痕迹。作为礼器应该打磨光滑，不知为什么在璧的平面留茬？

名称：绿玉璧

年代：齐家文化

玉质：甘肃地方玉

尺寸：外径200毫米，孔径70毫米，
　　　　厚6毫米；

鉴别与欣赏： ① 青绿色，受沁后有块状黑斑、云雾状绿斑和绺裂。包浆滋润，皮壳属旧，时代特征极开门。 ② 本器为齐家文化玉礼器之典型器，打磨精细，抛光后看不见加工痕迹，光滑细腻，手感极佳。全器晶莹滋润，色泽艳丽，十分美观。

名称： **白玉璧**

年代： 齐家文化

玉质： 白玉

尺寸： 最大外径258毫米，孔径82毫米，
厚9毫米

鉴别与欣赏： ① 不规则圆形，白玉琢制，受沁后有墨绿色饭糁和浅褐色沁，开片不均，厚薄不匀，但研磨抛光均佳，包浆老气，皮壳属旧，时代特征开门。 ② 本器圆度略差，在中心孔处还留有钻孔敲击接茬，作为齐家文化玉礼器，应该制作得十分规矩，不会是这个形状，但此器因材质好，琢磨精，应属礼器范畴，可能是早期礼器。本器由于千年沧桑和环境的影响，局部有绺裂，但仍晶莹滋润，大方美观。

名称：有双面纹饰白玉璧

年代： 齐家文化

玉质： 和田白玉

尺寸： 外径264毫米，孔径80毫米，
厚6毫米

鉴别与欣赏： ① 白玉开窗，受沁后，呈糖色，有白色饭糁和灰斑等色块，局部有绺裂和石纹；玉质晶莹透明，包浆凝聚，综合分析特征开门。 ② 本器为齐家文化中精典之器，造型规矩，薄而光滑，在璧的两面用一面坡的技法刻一组由两个男人、两个女人和一个小孩的图案，刀法犀利娴熟，线条均匀流畅，玉质晶莹滋润，色沁自然润泽。③ 《周礼·春官·大宗伯》："以苍璧礼天，以黄琮礼地，以青圭礼东方，以赤璋礼南方，以白琥礼西方，以玄璜礼北方。"在古代祭祀或礼仪活动中，常设有璧、琮、圭、璋、琥、璜等玉礼器，并有固定的方向。苍璧是用以礼天的玉器。当然齐家文化远远早于《周礼》。但远古先民用于祭祀的情节应是一脉相承的，特别是像这种有纹饰图案的玉璧，应是用于十分重要的祭祀活动中。

名称：白玉璧

年代：齐家文化

玉质：白玉

尺寸：外径220毫米，内径62毫米，
　　　　厚7毫米

鉴别与欣赏：　①　白玉露底，受沁后有大片褐色沁、灰色沁、黑色沁斑和黑色饭糁，玉质润泽，做工精细，包浆凝聚，皮壳属旧，时代特征极开门。　②　本器造型标准，用料、琢磨、抛光具佳，十分厚重。人们习惯将玉璧外径大于200毫米者称大器，此璧亦然。

名称：白玉璧

年代：齐家文化

玉质：和田白玉

尺寸：外径220毫米,孔径68毫米,
厚9毫米

鉴别与欣赏： ① 白色，质地灵透，常说"千年白玉变秋葵"，即受沁后呈淡淡褐黄色；包浆滋润，皮壳属旧，时代特征极开门。 ② 本器打磨精细，抛光后看不见加工痕迹。玉材上乘，由于没有把玩，仍然处于出土状态，但仔细观察，可以看见它是由一大块籽料切割而成的，而且玉料极好，几乎达到羊脂玉的标准。

名称：白玉璧

年代：齐家文化

玉质：白玉

尺寸：外径178毫米，内径60毫米，
厚9毫米

鉴别与欣赏： ① 玉质晶莹滋润，白玉露底，半透明，受沁后，有大片褐红色、灰色、黑色沁斑。全器包浆凝聚，时代特征极开门。 ② 本器用料上乘，制作精致，琢磨、抛光均佳，十分厚重。本器应为齐家文化玉礼器。

名称：白玉璧

年代：齐家文化

玉质：白玉

尺寸：外径178毫米，内径60毫米，
厚7毫米；

鉴别与欣赏： ① 受沁后局部有褐色沁斑和黑糁。做工规整，琢磨精细，晶莹滋润，时代特征明显开门。 ② 为齐家文化玉礼器之典型器物，用料上乘，做工精细，研磨抛光不留任何痕迹。此器外径为178毫米，与前面一些璧外径一致，绝非偶然，是不是在当时也有一个标准化问题。

名称： **青玉璧**

年代： 齐家文化

玉质： 青玉

尺寸： 外径132毫米，内径32毫米，
厚6毫米

鉴别与欣赏： ① 不规整圆形，内孔略偏，玉有局部钙化斑和绺裂，边缘有自然缺陷，琢磨较好，玉质滋润，时代特征开门。 ② 应属齐家文化玉礼器早期作品。

名称: **天河石小璧**

年代: 齐家文化

玉质: 天河石（又名青海翠）

尺寸: 外径41毫米，孔径11毫米，
　　　　厚3毫米

鉴别与欣赏: ① 天河石又名青海翠，古代作为一种宝石，加工成各种制品。由于产量少，硬度高，加工不易，因此十分珍贵。本器受沁后，呈深绿色青斑，有灰绿斑、白斑等色块，局部石纹，玉质晶莹，呈半透明状，十分漂亮；包浆凝聚，综合分析年代特征开门。② 本器造型规矩，薄而圆润，刻有早期云纹，由于曾经被长期把玩，因此显得十分晶莹滋润，色沁艳丽。此璧很小应不是礼器，而是古人炫耀自己身份的饰品。

名称：天河石小璧

年代：齐家文化

玉质：天河石（又名青海翠）

尺寸：外径39毫米，孔径13毫米，
　　　厚2毫米

鉴别与欣赏：　①　本器受沁后，呈深绿色青斑，有灰绿斑、白斑等色块，局部石纹，玉质晶莹，呈半透明状，十分漂亮，包浆凝聚，综合分析年代特征开门。本器造型规矩，薄而圆润，由于曾经被长期把玩，因此现在还十分晶莹滋润，色沁艳丽。

名称：天河石小璧

年代：齐家文化

玉质：天河石（又名青海翠）

尺寸：外径41毫米，孔径13毫米，
厚2毫米

鉴别与欣赏：　① 本器受沁后，呈深绿色青斑，有灰绿斑、白斑等色块，局部石纹，玉质晶莹，呈半透明状，十分漂亮，包浆凝聚，综合分析特征开门。

名称：**异形双璜联璧**

年代：齐家文化

玉质：白玉

尺寸：外径181毫米,内径68毫米,
　　　厚5~6毫米

鉴别与欣赏：　　① 白玉露底，局部钙化呈灰白色沁斑，有黑色饭糁和绺裂，背面有自然剥落。玉半透，时代特征极开门。　② 本器与其他多璜联璧不同，是沿内径之切线将璧分割成两片。这种分法十分少见。古代先民将它用作什么场合，不得而知，但它用料考究，琢磨精细，造型独特，不失为一件上乘之作。

名称：**双璜联璧**

年代：齐家文化

玉质：青玉

尺寸：外径162毫米，孔径50毫米，
　　　厚3~4毫米

鉴别与欣赏：　　① 受沁后，局部变黑，有绺裂和褐色沁，玉质晶莹滋润，研磨抛光均佳，虽厚薄不均，有加工痕，但仍美观大方。包浆老气，时代特征极开门。　　② 这是"单片为璜，双片成璧"的典型器，虽光素无纹，但仍十分精美。本器单片上均有两孔，可以用绳子连接组合成璧，也可由绳子系上单片成璜。　　③ 齐家文化玉器有单片的璜，但大多是由多片璜组成的多璜联璧。玉璜出现于新石器时代，河姆渡文化、菘泽文化、良渚文化和龙山文化等原始文化遗址中都有发现，其用途主要有佩饰、礼器和表示祥瑞。

名称：**三璜联璧**

年代：齐家文化

玉质：青玉

尺寸：外径145毫米，孔径45毫米，
　　　厚6毫米

鉴别与欣赏： ① 边缘有自然缺口和裂纹。有涂朱形成的暗红色沁。局部有黑糁和褐色斑，包浆老气，特征开门。 ② 本器由三片璜组成，每片璜均有两孔。据说古代先民惜玉，将加工时破碎的玉料再加工，做成这种拼装的大的"多璜联璧"。本器玉质晶莹，半透明，呈青绿色，研磨精细，制作规矩，虽光素无纹，但还算漂亮。

名称： **四璜联璧**

年代： 齐家文化

玉质： 白玉

尺寸： 外径216毫米，内径62毫米，
厚4毫米

收藏参考价： 无定价

鉴别与欣赏： ① 玉色已变，大部分为褐色，白玉露底，有白色饭糁黑色沁斑和局部绺裂，每片两边均钻有单、双孔，年代特征开门。② 本器用料上乘，做工精细，玉色虽变，但仍光滑温润。

名称：五璜联璧

年代：齐家文化

玉质：青玉

尺寸：外径254毫米，内径110毫米，
　　　　厚3~4毫米

鉴别与欣赏：　①　由五块大小不同的璜片组成，玉质晶莹滋润，受沁后，有褐色沁斑和黑糁，每片钻有三孔，包浆凝聚，时代特征开门。② 本器单片并不大，组成较大，但琢磨精致，每片厚薄虽然略有差异，组成联璧后却富丽堂皇，光彩照人，应是齐家文化玉器中的精品。经千年沧桑，仍能完整保存，实属不易。

名称：五璜联璧

年代：齐家文化

玉质：青玉

尺寸：外径300毫米，内径94毫米，
厚3~4毫米；

鉴别与欣赏： ① 由五块大小不同的璜片组成，玉质晶莹滋润，受沁后，有褐色沁斑和黑糁，每片钻有三孔，包浆凝聚，时代特征开门。② 本器组成较大，单片并不大，但琢磨精致，每片厚薄虽然略有差异，组成联璧后却富丽堂皇，光彩照人，应是齐家文化玉器中的精品。

名称：六璜联璧

年代：齐家文化

玉质：青玉

尺寸：外径350毫米，内径130毫米，
　　　厚8毫米

鉴别与欣赏：　①　由六片大小相同的璜组成，璜的两边钻孔，一双一单，璧整体呈松青绿色，边缘有褐红色沁，包浆滋润，年代开门。②　本器开片，研磨均佳，整体效果十分大方美观，松青绿色晶莹滋润，且保存完好，是齐家文化玉礼器中的珍品。

名称：九璜联璧

年代： 齐家文化

玉质： 松青绿玉

尺寸： 外径450毫米，内径200毫米，
厚5毫米

鉴别与欣赏： ① 玉呈松青绿色，边缘有自然缺口和绺裂，沁色如天然松针状青绿不一，包浆老气，皮壳属旧，年代特征极开门。 ② 本器由九块大小相同的璜片组成，用料上乘，开片均匀，琢磨精致。全器拼装后，硕大壮观，玉质晶莹，富丽堂皇，光彩照人，是齐家文化玉礼器中的重器。问题是先民们用它来干什么？

名称： 桃形璧

年代： 齐家文化

玉质： 青白玉

尺寸： 最大外径220毫米，孔径45毫米，
　　　　厚4毫米

鉴别与欣赏：　① 青白色，质地灵透，受沁后有褐色沁和乳白沁，有黑色饭糁和绺裂，包浆滋润，皮壳属旧，时代特征极开门。　② 齐家文化玉正规应为圆形，但此器为桃形，罕见。本器打磨精细，抛光后看不见加工痕迹，全器晶莹滋润，色泽艳丽，十分美观。

名称： 异形璧

年代： 齐家文化

玉质： 白玉

尺寸： 外径145毫米，孔径56毫米，
厚5毫米

鉴别与欣赏： ① 玉呈淡褐色，白玉露底，有绿色沁和黑糁，外形为不规则椭圆，玉质滋润，包浆老气，年代特征开门。 ② 异形璧比较少见，有人认为是薄形琮的变异。由于无资料可查，不敢妄断。

玉钺

名称： 圆形青玉钺

年代： 齐家文化

玉质： 青玉

尺寸： 高164毫米，宽197毫米，
厚7毫米

鉴别与欣赏： ① 本器打磨细腻，用料上乘，三道弦纹将小穿与大孔分开，加上圆弧形头、肩齿和弧形刃，整体造型十分漂亮。受沁后，有几块乳白色土沁，衬之青绿晶莹的玉色，显得美观大方。包浆滋润，时代特征极开门。 ② 故宫博物馆收藏之青玉圆形钺，已断为三块后粘合，且侵蚀严重。（参见《古玉精粹7》（商）、青玉圆形钺）本器大器凝重，晶莹剔透，十分润泽，色彩艳丽，漂亮非凡，正如杨伯达先生评价齐家文化玉时用"最为优秀的"几个字的形容！

名称：圆形绿玉钺

年代：齐家文化

玉质：绿玉

尺寸：高148毫米，宽145毫米，
　　　　厚6毫米

鉴别与欣赏：　①　有圆弧顶和刃，边有脊齿，顶部有小穿，中部有一斜钻大孔；受沁后有局部灰斑，半透明，包浆老气，色彩艳丽，时代特征极开门。　②　本器晶莹滋润，琢磨精细，通体抛光，造型标准，加上漂亮的色沁使全器更显得美观大方，是齐家文化玉器中的佼佼者。

名称：异形白玉钺

年代：齐家文化

玉质：白玉

尺寸：高108毫米，宽90毫米，
　　　　厚5毫米

鉴别与欣赏：　①　玉质上乘，晶莹剔透，白玉上虽出现大片褐红色沁，但仍十分美观。包浆滋润，皮壳熟旧，年代特征极开门。　②　钺两边的扉牙分别由每组三齿的两组脊齿组成，钺刃由四段直线双面刃组成，造型独特。本器用料上乘，打磨精细，光滑滋润，十分漂亮。

名称：弦纹脚形钺（右向）

年代：齐家文化

玉质：和田青玉

尺寸：高148毫米，宽145毫米，
厚6毫米

鉴别与欣赏： ① 造型与上器基本相同，只是方向相反，受沁后五彩斑斓，晶莹通透，包浆滋润，时代特征开门。 ② "钺"乃兵权的象征，先民们用上乘的和田玉制造这一左一右的钺，自然是显示兵权、礼仪的重要。作为把玩之器，也令人爱不释手。

名称：弦纹脚形钺

年代： 齐家文化

玉质： 和田青玉

尺寸： 高155毫米，宽132毫米，
　　　　厚8毫米

鉴别与欣赏： ① 肩齿、弦纹、钻孔、灰斑和色沁，加上独特的造型，使本器时代特征极开门。 ② 受沁后局部出现块状灰斑和深绿色青斑，在浅绿底色的衬托下，全器晶莹剔透，十分漂亮。 ③ 本器虽为钺，为玉兵器、玉礼器，但制作得圆润，丰腴端庄秀美，无使用痕迹，历史文化底蕴极强。

玉璋

名称：青玉牙璋
年代：齐家文化
玉质：和田青玉
尺寸：长468毫米，宽78毫米，
　　　厚3毫米

鉴别与欣赏： ① 青玉磨制，栏两边有脊齿状扉牙，内有穿，援首有刃，造型规矩，琢磨精致。受沁后，有褐色红侵斑，但仍晶莹滋润，包浆老气，特征开门。 ② 全器，庄严气派，形制诡异。牙璋虽为兵器，但无实用意义，作礼器则十分恰当。此器长而薄，大而完整，虽光素无纹，仍不失为齐家文化玉器中的精品。 ③ 璋是古代先民使用的礼器，《周礼》所记"六器"，"以赤璋礼南方"，也就是说在古人的礼仪或祭祀活动中，用赤色的璋表示南方的礼事。古人认为璋是瑞玉。那么，什么样的玉器是璋呢？目前认识古玉璋有如下几点：璋有漫长的发展历史，它同圭、璧、琮类玉器产生的时代大体相同。璋是片状玉器，形状与圭有一定关系，呈简单的几何形状。璋的最初形状与兵器有一定的关系，而且可能与刀、戈类兵器有关。 ④ 杨伯达先生在《古玉史论》一书中说：殓尸用璋、以璋邸射祭祀山川、赤璋"以礼南方"和牙璋"以起军旅，以治守兵"。

名称：骨牙璋

年代：齐家文化

玉质：骨

尺寸：长235毫米,宽30毫米,
厚4毫米

鉴别与欣赏：　①　通体灰白色，骨基本石化，研磨精细，有侵蚀孔，皮壳属旧，包浆老气，时代特征开门。　②　器由援、栏、内三部分组成。内部无穿。上下栏，两栏均有凹下形成的扉牙。援首两面磨刃，刃呈凹弧状。用骨头材料作器，齐家文化较多，但用骨头材料作礼器，还十分少见。恐怕源于等级制度，是下层人物所为？或是新石器时期齐家人最早的礼器制品？或是齐家先民即兴而作，用骨头作个牙璋当刀、叉来用餐？要知道齐家文化是中国古代最早用餐具和烤箱的啊。总之存在决定意识，它的出现给我们提供了无穷的想象空间，也为我们用碳14测定齐家文化的准确年代提供了实物标样，因此十分珍贵。1974年甘肃庄浪出土一枚齐家文化骨簪，被定为国家一级文物。

名称：黑牙璋
年代：齐家文化
玉质：试金石
尺寸：长420毫米，宽90毫米，
　　　厚6毫米

鉴别与欣赏：　①通体漆黑，研磨精细，有石纹，皮壳属旧，包浆老气，时代特征开门。　②器由援、栏、内三部分组成。内部有一个穿。上下栏，两栏均有伸出的扉牙。援首两面磨刃，刃呈凹弧状。用试金石类石材作器，齐家文化较多，可能源于彩陶制作工艺中所用黑色试金石作磨压器的缘故。此器做工极为精细，扉牙的雕刻犹如现代线切割机床切割的一样，可见先民们琢玉工艺之精。　③全器精美无比，虽光素无纹，但那凹凸脊牙和尖尖的弧刃，令人望而生畏，可以想象当时统治者的不可一世和对礼仪的重视。

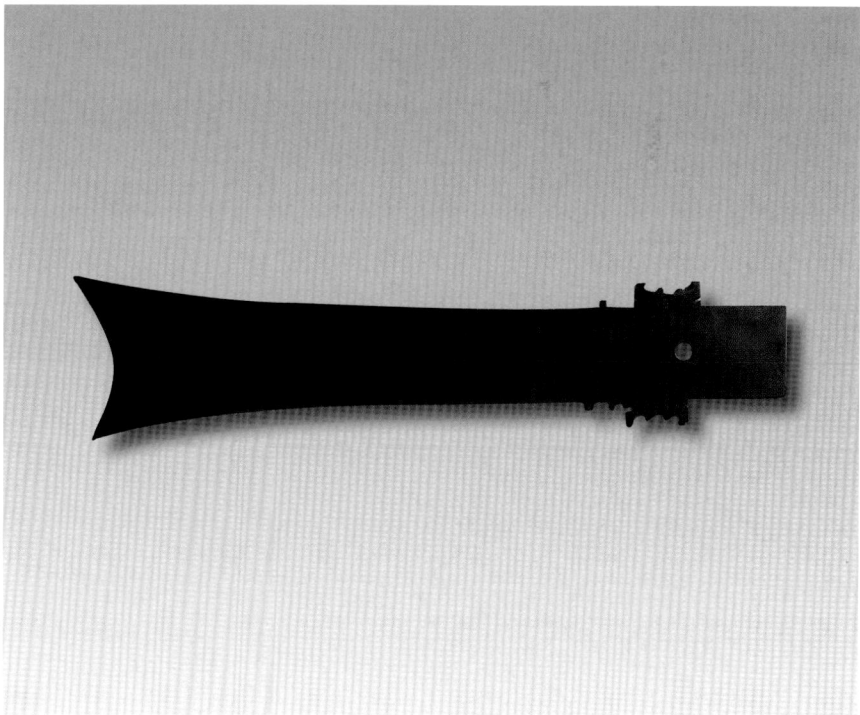

名称：兽面纹青玉璋

年代：齐家文化

玉质：青玉

尺寸：长360毫米，宽88毫米，
厚7毫米

鉴别与欣赏： ① 玉质晶莹通透，呈青绿色，有绺裂和自然性形变。受沁后，包浆滋润，皮壳属旧，年代特征开门。 ② 内有穿，栏两边各有两组齿牙，援端有八字形弧刃。栏部刻兽面纹，图形简单、幼稚，与龙山文化早期之兽面纹同，时代特征极强。

名称：**牙璋**

年代：齐家文化

玉质：和田青玉

尺寸：长288毫米，宽104毫米，
　　　厚4毫米

鉴别与欣赏：　① 玉呈青黄色，有褐色沁斑，白色为鸡骨白，玉质晶莹通透，为齐家文化晚期器，时代特征开门。　② 本璋光素无纹造型十分简约，每边都有两个脊齿和一组扉牙。援首刃呈圆弧状，有刃，那美丽的弧刃和漂亮的扉牙，也令人爱不释手。

名称：牙璋

年代：齐家文化

玉质：和田青玉

尺寸：长285毫米，宽94毫米，
　　　　厚4毫米

鉴别与欣赏：　① 全器表面光滑，呈嫩黄色，受沁后有褐红色色斑，内端局部钙化，器形标准，时代特征开门。　② 本器援首为斜凸弧刃，两对脊齿简单明朗，加工精细，做工规整，在灯光下呈黄绿色，晶莹通透，十分漂亮。

名称：白玉璋

年代：齐家文化

玉质：和田白玉

尺寸：长438毫米，宽80毫米，
　　　　厚4毫米

鉴别与欣赏：　① 玉呈白色，受沁后微微泛黄，内和栏部有淡淡的白糁，整体保存十分完好，年代特征极开门。　② 全器造型标准，简单大方，两边的两组脊齿呈斜坡状，加工得十分精细，虽光素无纹，但用料上乘，造型薄、大、精、美，是齐家文化玉礼器中的精品。

名称：青金石小璋

年代：齐家文化

玉质：青金石

尺寸：长42毫米，宽12毫米，
厚2毫米

鉴别与欣赏： ① 玉呈天蓝色，受沁后，有白色石纹和白色饭糁，研磨、抛光十分精细，无栏无齿，简单古朴，应为璋之雏形，年代特征开门。 ② 此器小而精，有刃有援，有内有穿，无脊齿扉牙，似乎由工具类转入礼器类的原始礼器的雏形，为高级的原始首饰，极具文物考古价值。 ③ 青金石是一种天然的半宝石，是古人最早利用的矿产品之一。古希腊、罗马人有记载：使用青金石的历史可追溯到公元前4世纪。青金石的产地，主要有波斯（今伊朗）、中国、阿富汗、土耳其等地。青金石是我国传统的重要玉石原料，但在我国至今都未发现有成块状的产地。自古以来，所用青金石皆来自阿富汗的巴达克山。20世纪60年代，在巴达克山西南费劳尔的一个古墓群中出土了大量青金石制品的碎片和金银制品。经测定，古墓的年代约在公元前2600—1700年之间。由此说明巴克达山地区在距今四五千年左右就已经开始加工青金石了，而处于同时期的我国齐家文化的先民们，越过帕米尔高原，去获得青金石制品或原料而制作属于自己的原始首饰制品。不要小看出自齐家陶罐中的这小小的一件作品，在它的身上会蕴藏着无穷的时空信息啊。

名称：白玉五花璋

年代：齐家文化

玉质：白玉

尺寸：长337毫米，宽82毫米，
　　　厚3毫米

鉴别与欣赏： ① 色沁极重，沁间有较多白色、黑色饭糁和牛毛纹，虽白玉露底，半透明，但有红、黄绿等色沁，包浆滋润，皮壳熟旧，时代特征极开门。 ② 此璋两边均有三齿扉牙，与其他璋一样，援、内栏齐全。 ③ 全器开片、研磨、抛光均佳，大而薄，十分完整、漂亮。

名称：白玉璋

年代： 齐家文化

玉质： 和田白玉

尺寸： 长290毫米，宽77毫米，
厚5毫米

鉴别与欣赏： ① 玉质晶莹，半透明，微微泛黄，内、栏部分经千百年大自然的变化，色沁五彩斑斓，十分绚丽，年代开门。 ② 此璋用料上乘，制作精细，色沁绚丽，光洁美观，实乃齐家文化之上乘标准礼器也！

名称：青玉璋

年代：齐家文化

玉质：青玉

尺寸：长：476毫米；宽：87毫米；
  厚5毫米

鉴别与欣赏： ① 玉质内晶状结构依稀可见，晶莹透明，层次感极强，受沁后有褐红色、灰色和乳花状沁斑，包浆滋润，皮壳熟旧，时代特征开门。 ② 造型规矩，琢磨精细，结构严谨，与其他璋一样，本器有变化了的两排双斜面齿牙。和下一件白玉璋一样，这种使全器显得美观大方，气韵生动，是齐家文化玉礼器中的佳作。

名称：白玉璋

年代：齐家文化

玉质：白玉

尺寸：长450毫米，宽40毫米，
厚5毫米

鉴别与欣赏： ① 白玉露底，玉质内晶状结构依稀可见，受沁后有藻丝纹，白色、褐色饭糁和大块褐色斑沁，晶莹透明，层次感强，包浆滋润，皮壳熟旧，时代特征开门。

名称：异形璋

年代：齐家文化

玉质：青白玉

尺寸：长470毫米，宽82毫米，
　　　　厚3毫米

鉴别与欣赏：　①　玉有白色饭糁状沁斑和灰色条状乳沁，虽光素无纹，但晶莹通透，十分漂亮，包浆滋润，皮壳属旧，时代特征开门。② 本璋有脊齿，援首为双斜刃中锋，十分大器，应属璋的异形，是齐家文化晚期礼器，对研究璋形状的变化提供了实物样品。本器加工精细，抛光极佳，大而薄，显得美观大方，时代感极强。

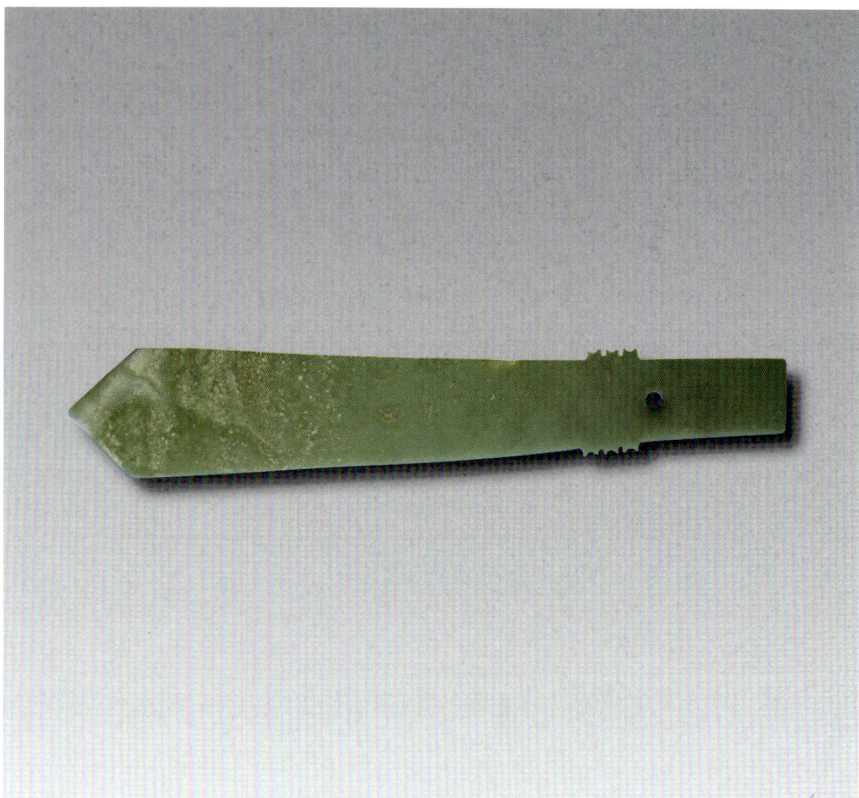

名称：青玉璋

年代：齐家文化

玉质：青玉

尺寸：长487毫米，宽84毫米，
　　　　厚4毫米

鉴别与欣赏：　①　玉质晶莹，有大片的乳白色沁和局部钙化斑，全器制作精细，打磨光滑，整体平面略有形变，包浆滋润，皮壳熟旧，年代特征开门。　②　本器为齐家文化标准器，全器比例协调，大小适中，由于研磨、抛光均佳，加之漂亮的色沁，使其显得绚丽庄重，气韵非凡。

玉圭

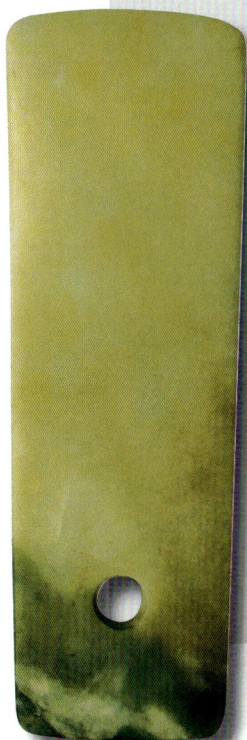

名称：白玉圭
年代：齐家文化
玉质：白玉
尺寸：长258毫米，宽92毫米，
　　　厚3毫米

鉴别与欣赏：　①　受沁后，白中微微泛黄，柄部有五色沁斑，器型规整，时代特征开门。　②　圭是重要的古代玉器，产生于新石器时代。圭的形状扁而长，可能是由石质兵器演化而来。目前发现的玉圭有两种：一种是由锛、斧类兵器演化的，窄长条形，顶部有刃，微凸流行于新石器时代和商代。另一种是由玉戈演变而来的尖顶圭，流行于周代以后。新石器时代的玉圭，形状大体相似，皆为长条形，一端略窄，似有刃，另一端有孔。齐家文化玉圭应属这一范畴。本器是齐家文化典型的重要玉礼器，故用料上乘，研磨精细，晶莹滋润，十分漂亮。

名称：青金石小圭

年代：齐家文化

玉质：青金石

尺寸：长49毫米，宽23毫米，
厚3毫米；

鉴别与欣赏： ① 深蓝色，有金属状斑点。圭为圆弧刃，刃和边部分钙化，受沁后有黄斑，半透明。包浆凝聚，皮壳属旧，年代特征极开门。 ② 此器小而精，头部有刃，尾部有孔，似有礼器转化到原始首饰的雏形，为高级的原始首饰，极具文物考古价值。

名称：绿玉圭

年代：齐家文化

玉质：青绿玉

尺寸：长350毫米，宽75毫米，
厚5毫米

鉴别与欣赏：　①　为圭的典型器，有钙化斑及深绿色花斑沁，包浆滋润，时代特征开门。　②　此圭用料上乘，制作精细，色沁绚丽，光洁美观，实乃齐家文化之标准、上乘之礼器。

名称：青绿玉圭

年代：齐家文化

玉质：青绿玉

尺寸：高370毫米，宽72毫米，
　　　　厚6毫米

鉴别与欣赏： ① 受大自然的侵蚀，本器之钙化成鸡骨白处已微微泛黄，局部有很浅的褐色斑，表面不平，但因琢磨抛光极佳，人眼不易看出。包浆凝聚，半透明，时代特征开门。 ② 由于黄土的侵蚀，绿玉中还有深绿色的色斑和颗粒状饭糁，虽历经三四千年，但仍晶莹剔透，温润美观。

名称：青绿玉圭

年代： 齐家文化

玉质： 青绿玉

尺寸： 高360毫米，宽90毫米，
厚7毫米

鉴别与欣赏： ① 玉呈青绿色，半透明，受沁后，局部出现鸡骨白的钙化斑，未钙化处玉中还有深绿色的色斑，十分艳丽。包浆老气，皮壳属旧，特征开门。 ② 本器用料上乘，制作规整，应为齐家文化中晚期器。

名称：斜刃圭

年代： 齐家文化

玉质： 青绿玉

尺寸： 高460毫米，宽84毫米，
　　　　厚6毫米

鉴别与欣赏： ① 本器制作精细，造型独特，圭头部为斜刃，美观大方。由于数千年的侵蚀，局部出现鸡骨白的钙化斑，玉中还有深绿色的色斑和颗粒状饭糁，时代特征极开门。 ② 此青绿玉是否为和田玉尚可探讨，但齐家文化玉使用的玉材大多为和田玉是齐家文化玉器的一大特征。也可能是"近水楼台先得月"，齐家离和田较近的缘故。

名称：兽面纹白玉圭

年代：齐家文化

玉质：白玉

尺寸：高290毫米，宽78毫米，
　　　厚5毫米

鉴别与欣赏：　　①白玉琢制，半透，褐灰沁，有钙化斑，兽面纹，包浆凝聚，时代特征极开门。　　②齐家文化有纹饰的不多，本器以齿状扉牙、弦纹为纹饰特征。一般在夏晚期，或商早期时出现鸟蚊、人面纹和兽面纹等。　　③本器以上乘白玉琢制，并饰以兽面纹，在当时也是十分贵重的了，能完整保存到现在实属不易。　　④此圭为斜刃，古人以半圭为璋，故也可认定为璋。

名称：青玉兽面纹圭

年代： 齐家文化

玉质： 青玉

尺寸： 长225毫米，宽92毫米，
厚5毫米

鉴别与欣赏： ① 受沁后，青绿色在深浅浓淡各种颜色的搅和下，显得绚丽多姿，时代特征开门。 ② 此圭色彩斑斓，晶莹剔透，加上美丽的纹饰，使全器显得富丽堂皇，气派非凡，是齐家文化玉礼器之精品。 ③ 齐家文化跨越夏、商两代，本器之兽面纹雕刻流畅自然，"臣"字眼，已明显具有商代特征。

名称：白玉兽面圭

年代：齐家文化

玉质：白玉

尺寸：长230毫米，宽78毫米，
　　　　厚5毫米

鉴别与欣赏： ① 白玉微微泛黄，有褐色沁和饭糁，琢磨精细，兽面纹形象生动，雕刻刀法娴熟，线条流畅，包浆滋润，年代特征开门。② 本器以上乘和田白玉作器，并辅以兽面纹，在当时也是十分贵重的了，加之做工精细，保存完整，应是齐家文化玉礼器中不可多得的精品。 ③ "千年白玉变秋葵"，是说白玉随着岁月的沧桑会慢慢变黄。本器即是如此。虽历经三四千年，色彩微微变黄，但仍然温润美观。

玉环

名称： **青玉九璜联环**

年代： 齐家文化

玉质： 青玉

尺寸： 拼装后外径634毫米，孔径434毫米，
厚8~9毫米

鉴别与欣赏： ① 由九块璜组成。每块上有三个穿，一边一个，另一边两个，应为连结穿绳时所用。 ② 受沁后，有褐黑色沁和钙化斑，边缘有涂朱痕迹。作为璜，每片均晶莹滋润，虽光素无纹，但却美观大方，时代特征极开门。 ③ 本器拼装后，硕大无比，充分显示了齐家文化玉礼器浑圆饱满、大气凝重的恢宏气势。推查，无资料记载有大于此环者。问题是先民们做它来作什么？

名称：嵌绿松石白玉环

年代：齐家文化

玉质：白玉

尺寸：外径102毫米，孔径58毫米，
　　　厚4毫米

鉴别与欣赏：　①　玉质晶莹滋润，白玉露底，半透明。受沁后有灰白色、褐色和黑色饭糁，局部钙化，研磨抛光均佳，包浆滋润，皮壳熟归，时代特征特开门。　②　上乘白玉制作，并辅已绿松石后，更显高贵和美丽。齐家文化中金上嵌绿松石的不多，此器应为上乘之作。

名称：嵌绿松石白玉环

年代： 齐家文化

玉质： 白玉

尺寸： 外径102毫米，孔径58毫米，
　　　厚4毫米

鉴别与欣赏： ① 白玉琢制，半透明，局部钙化，但制作规矩，研磨抛光均佳，包浆滋润，皮壳熟旧，时代特征开门。 ② 此环和上环一样，两环所用玉材均为上乘白玉，琢磨、抛光均佳，至今仍晶莹剔透，十分润泽。上下两环上等分镶嵌了3颗和5颗绿松石，更显得特别高贵，应为齐家玉文化中之精品。

名称：**五彩大玉环**

年代：齐家文化

玉质：白玉

尺寸：外径274毫米，孔径128毫米，
　　　厚8毫米

鉴别与欣赏：　①白玉露底，局部钙化较重，受沁后有褐红色、绿色、黄色、黑色沁斑，琢磨精细，抛光较好，时代特征开门。　②由于器形较大，色彩丰富，虽为齐家文化一般性作品，但也十分珍贵。

名称：青玉三兽首环

年代：齐家文化

玉质：青玉

尺寸：外径133毫米，孔径53毫米，
厚6毫米

鉴别与欣赏： ① 局部钙化，环口有因侵蚀和人为破坏而产生的坑凹不平，未侵蚀部分仍十分通透，证明原来打磨较细。包浆滋润，皮壳熟旧，年代特征极开门。 ② 三个兽头，呈60度均匀分布，兽头为半圆雕，似乎是饕餮纹的前身，玉工雕刻刀法娴熟，造型栩栩如生。全器琢磨精细，抛光极佳，晶莹滋润。整体形象雍容华贵，十分漂亮。

玉刀

名称：兽首白玉刀

年代： 齐家文化

玉质： 白玉

尺寸： 长464毫，宽80毫米，
厚5毫米

鉴别与欣赏： ① 玉质温润细腻，受沁后呈褐色和灰色，沁有层次感，玉质内晶体状结构依稀可见，包浆滋润，年代特征开门。 ② 本器造型独特，具有璋、戈、刀的特征，综合分析，应定为刀。虽历经数千年，由于琢磨精细，抛光极佳，仍晶莹滋润，美观大方，特别是柄把作成兽首状，十分美观，耐人赏玩。

名称：白玉刀

年代：齐家文化

玉质：和田白玉

尺寸：长230毫米，宽47毫米，
　　　厚3毫米

鉴别与欣赏：　① 受沁后有褐灰色、湖绿色沁，配上微微泛黄的白玉底色，十分绚丽。玉色滋润，半透明，包浆老气，皮壳熟旧，年代特征极开门。　　② 此刀算比较标准了，内有穿，内和栏连接处有棱状、人字状装饰纹为栏，用料上乘，研磨精细，制作乖巧，是齐家文化玉器中的精品。

名称：白玉刀

年代： 齐家文化

玉质： 和田白玉

尺寸： 长263毫米，宽52毫米，
厚6毫米

鉴别与欣赏： ① 受沁后，从刀柄由深绿、浅绿、褐红、褐黄、淡黄到乳白色的沁自然过渡刀尖，使之更加显示其年代特征开门。 ② 用"用料上乘，研磨精细，晶莹滋润，做工乖巧"来形容此刀是再好不过了。

名称： **羊脂白玉刀**

年代： 齐家文化

玉质： 羊脂白玉

尺寸： 长235毫米，宽58毫米，
厚6毫米

鉴别与欣赏： ① 此刀用料上乘，琢磨精细，抛光极佳，虽历数千年，仍晶莹滋润，富丽堂皇。受沁后，仅柄端有一点褐色沁斑和钙化斑，其玉质上的石纹，清晰可见，年代特征极开门。 ② 本器咋眼一看，完好如新，由如刚刚从水中捞出来的，十分漂亮，谁都不会认为是数千年前的东西，但细观之，包浆徐徐，分外老气，原因是玉料好、质地硬，琢磨抛光后不留任何痕迹，除大自然所引起的化学变化外，几乎不受任何侵蚀，因此，出现误判，再所难免。

名称：青玉刀

年代：齐家文化

玉质：青玉

尺寸：长290毫米，宽83毫米，
厚3毫米

鉴别与欣赏： ① 玉呈青绿色，有绺裂、深绿斑点和褐红色沁，晶莹通透，包浆滋润，特征开门。 ② 内有穿，端部有四组弧形齿，单边开刃，造型独特，琢磨精细，无使用痕迹，应属齐家文化礼器范畴。本器色沁变化自然，丰富多彩，犹如一幅山水丹青，十分绚丽。

名称：青玉刀

年代： 齐家文化

玉质： 青玉

尺寸： 长290毫米，宽68毫米，
　　　　厚5毫米

鉴别与欣赏： ① 受沁后，有黑色、白色饭糁和褐色沁斑，玉质晶莹通透，包浆滋润，皮壳熟旧，年代特征极开门。 ② 此器内极短，有齿有穿，援成刀形，刀尖微翘，造型美且研磨精，玉质晶莹，是齐家文化中比较典型的作品。

名称：嵌绿松石白玉刀

年代：齐家文化

玉质：白玉

尺寸：长82毫米，宽68毫米，
　　　　厚3毫米

鉴别与欣赏：　　①　白玉开窗，由于"千年白玉变秋葵"，局部已变成黄褐色，刀背前段有两段弧形，一组个脊齿，刀尖微微上翘。刀的柄部雕刻有一异兽，中部镶嵌有一颗较大的绿松石。全器晶莹剔透，美丽非凡。刀包浆滋润，皮壳属旧，时代特征开明。　　②　此刀属非标准化祖型，但造型独特，制作精细，研磨极佳，明显不是实用器，但此刀无内，明显又不是手握器。那是干什么的呢？

名称：嵌绿松石青玉刀

年代：齐家文化

玉质：和田青玉

尺寸：长248毫米，宽115毫米，
　　　　厚8毫米

鉴别与欣赏：　①　由青玉磨制，单面钻半孔镶嵌有四颗绿松石，尖部有刃，双面但无使用痕迹。受沁后，从刀柄、刀背有大片由褐红、褐黄、乳白色的沁和黑色饭糁，玉半透明，晶莹滋润，包浆老气，年代特征极开门。　②　本器没有清洗，也无使用痕迹，泥垢犹存，但露底处似镜面抛光，可见齐家文化对礼器的重视。

名称：白玉刀

年代： 齐家文化

玉质： 白玉

尺寸： 长293毫米，宽63毫米，
　　　　厚4毫米

鉴别与欣赏：　① 玉质晶莹滋润，有褐色沁，半透明，包浆滋润，皮壳熟旧，年代特征极开门。　② 本器由白玉琢制，开片均匀，研磨细腻，内和援有脊齿装饰，刀尖微微上翘，造型十分漂亮。艺术是玉器的生命，"玉不琢，不成器"，在玉器发展过程中，曾有过一个崇尚玉质而无纹的阶段，但即使在这个阶段，也非常重视器物形状和表面的平整，使玉器具有标准化倾向。此器即是这个时期的典型作品。

名称： 凤凰边饰三孔刀

年代： 齐家文化

玉质： 白玉

尺寸： 长462毫米，高82毫米，
厚4毫米

鉴别与欣赏： ① 玉质温润细腻，受沁后有乳白色沁斑，由于"千年白玉变秋葵"，微微有点泛黄。琢磨、抛光均佳，包浆滋润，皮壳熟旧，年代特征极开门。 ② 本器为齐家文化多孔刀标准器中的三孔大玉刀，与众不同的是在刀的两面雕刻有一对凤凰。无使用痕迹，玉质晶莹，半透明，呈白色。本器美观大方，应属齐家文化玉礼器范畴。由于商文化是崇尚凤凰、鸟的，本器应为齐家文化进入商代后的作品。

名称：兽首三孔绿玉刀

年代：齐家文化

玉质：青绿玉

尺寸：长330毫米，宽90毫米，
厚5毫米

鉴别与欣赏： ① 局部玉已质变，钙化后呈鸡骨白色。未钙化处青绿玉半透明，受沁后有深绿色沁斑和深绿颗粒状饭糁，包浆老气，皮壳属旧，时代特征开门。 ② 全器呈梯形，开片薄，琢磨和抛光均佳，在刀的一侧雕刻有一个兽首，刀背钻有三孔，下部为刃，直刃中锋，为齐家文化典型器。

名称：**异形四孔刀**

年代：齐家文化

玉质：白玉

尺寸：长305毫米，宽138毫米，
　　　厚4毫米

鉴别与欣赏：　　① 局部露白玉底，受沁后全器呈褐红色，有灰色条状斑、牛毛纹和自然绺裂，但仍晶莹滋润，年代特征极开门。　② 本器既不像钺，又不像璋，更无其他玉礼器的一点形象。古代先民们用良玉制造这些硕大无比，又漂亮、美观的器物，肯定有其的道理，其不可模仿的理念和文化，是十分值得我们深入研究和探索的。

名称： **五孔刀**

年代： 齐家文化

玉质： 青绿玉

尺寸： 长470毫米，宽82毫米，
　　　厚3毫米

鉴别与欣赏：　① 局部玉已质变，钙化后呈鸡骨白色。未钙化处青绿玉半透明，受沁后有深绿色沁斑和深绿颗粒状饭糁，包浆老气，皮壳属旧，时代特征开门。　② 全器呈梯形，开片、琢磨和抛光均佳，刀背钻有五孔，下部为刃，直刃中锋，为齐家文化典型器。

名称：七孔大玉刀

年代：齐家文化

玉质：白玉

尺寸：长530毫米，高70毫米，
     厚4毫米

鉴别与欣赏：   ① 玉已变黄，半透明，受沁后有扭丝状黑糁、粒状白糁，包浆老气，年代特征开门。   ② 二里头出土的大玉刀，长523毫米；本器长530毫米，且用料上乘，研磨极薄，可见齐家文化对玉礼器之重视，也反映了先民们琢玉、制玉的工艺水平。此刀的两组扉牙增加了全器的美感，充分体现古代人们对美的追求。

玉戈

名称：白玉戈

年代：齐家文化

玉质：白玉

尺寸：长287毫米，宽68毫米，
厚5毫米

鉴别与欣赏：　①白玉琢制，沁由五花青绿色、褐黄色过渡到乳黄色、乳白色，十分自然美观，玉半透，包浆滋润，年代特征开门。　②内有穿，援两面开刃，胡极短，只具雏形，是早期无胡戈向有胡戈转化的例证。本器保存完好，器形美观，色彩艳丽，加上"雏形"的历史底蕴，品味十足。

名称: **青玉戈**

年代: 齐家文化

玉质: 青玉

尺寸: 长225毫米, 厚5毫米

鉴别与欣赏: ① 典型的青铜戈式样, 受沁后, 有黑糁和褐红色沁斑, 玉质晶莹、滋润, 年代特征开门。 ② 本器造型标准, 琢磨精细, 无使用痕迹, 应属齐家文化玉礼器范畴。从器形判断本器为齐家文化晚期(早商时期)作品。

名称：白玉戈

年代：齐家文化

玉质：白玉

尺寸：长182毫米，宽84毫米，
厚3毫米；

鉴别与欣赏： ① 白玉琢制，局部钙化，有褐色沁和黑糁，半透明，时代特征开门。 ② 内端部有四组脊齿，内有穿，援呈长尖状，全器无胡，援有刃。本器虽无使用痕迹，但相对较厚，既可用作礼器，又可作兵器。

名称：嵌绿松石白玉戈

年代：齐家文化

玉质：白玉

尺寸：长160毫米，宽65毫米，
厚3毫米

鉴别与欣赏： ① 玉已泛黄，局部呈褐红色，白玉露底，色沁丰富，有绺裂和乳白色饭糁沁，包浆老气，皮壳属旧，年代特征开门。 ② 本器造型简单，但用料尚好，琢磨精细，援、栏、内均具，而且镶嵌有一颗绿松石，应属于齐家文化晚期器。有资料说，玉有饭糁者，一般是用玉仔料制作的，仔料一般不大。此戈较小，原因可能于此。

名称：白玉戈

年代：齐家文化

玉质：羊脂白玉

尺寸：长165毫米，宽106毫米，
　　　　厚4毫米

鉴别与欣赏：　①晶莹通透，色沁艳丽，受沁后，有黑糁和褐红色沁斑，包浆滋润，年代开门。　②内有穿，援、胡具有刃，但光滑莹润，十分喜人。造型乖巧，不似玉兵器，应为当时把玩、观赏之物。

柄形器

名称：柄形器

年代：齐家文化

玉质：青玉

尺寸：长167毫米；

鉴别与欣赏： ① 玉质晶莹剔透，有褐色沁和黑、白色饭糁，造型有榫、有孔、有弦纹，研磨、抛光均佳，包浆滋润，年代特征极开门。② 齐家文化柄形器样式各不相同，大小各异，但大都用料较好，造型美，研磨精，应该属于该文化玉礼器范畴。

名称：柄形器
年代：齐家文化
玉质：青玉
尺寸：长205毫米

鉴别与欣赏：　①　方柱状，圆弧顶，中上部三道弦纹，下端有榫，榫有一对钻孔，全器包浆老气，晶莹滋润，精致美观，年代开门。　②本器有书称为柄形器，也有称为笄，说是男女束发之插，或为鼻、耳之塞，也有称为漆书之笔，众说纷纭，莫衷一是。类似器还有尖利的、无榫的、形状多样，具体用途不明。　③　本器用料上乘，美观大方，有榫可以与其他器物连接，应属权仗类礼仪器。

玉璇玑

名称：墨玉璇玑

年代：齐家文化

玉质：墨玉

尺寸：最大外径202毫米，孔径68毫米，厚6毫米

鉴别与欣赏： ① 玉呈墨绿色，在璇玑的边缘和起层处透光可见青绿色，局部有白色颗粒状、条状沁斑，研磨精细，器表光滑，并等距离镶嵌了六颗绿松石，显得特别高贵，包浆滋润，皮壳属旧，时代特征极开门。 ② 形状与龙山文化典型器同，但比有资料记载的其他文化上的器要大。 ③ 其功用众说纷纭，或认为是观测天文的仪器，或认为是织布机上的零件等等，莫衷一是。

名称：**异形青玉璇玑**

年代：齐家文化

玉质：青玉

尺寸：最大外径100毫米，
孔径40毫米

鉴别与欣赏： ① 玉晶莹滋润，光滑细腻，受沁后有浅灰黄色斑块和白、黑糁，包浆老气，时代特征开门。 ② 本器晶莹剔透，十分乖巧，便于把玩和携带，在圆弧上有脊齿和刃，完全可以作切削器。当然到底做什么用，无文字记载。但本器小巧玲珑，令人爱不释手。

名称：白玉璇玑

年代： 齐家文化

玉质： 白玉

尺寸： 最大外径52毫米，
　　　　孔径20毫米

鉴别与欣赏： ① 全器晶莹通透，有红褐色沁和白色饭糁，包浆滋润，皮壳属旧，年代开门，为齐家文化典型造型。 ② 本器薄而乖巧，内壁较厚，外壁较薄，有双层抹角，剖面呈三角形，圆弧、脊齿均开有刃，如果作为切削器是十分实用的。

名称： **四角形青玉璇玑**

年代： 齐家文化

玉质： 青玉

尺寸： 最大外径132毫米，
孔径厚3毫米

鉴别与欣赏： ① 由青玉琢制，打磨光滑，色沁亮丽，年代开门。
② 一般璇玑为三脊三角，本器是四脊四角，脊上无齿，比较罕见。整个造型流畅自然，十分耐人赏玩。这就是齐家文化！

名称：**白玉璇玑**

年代：齐家文化

玉质：羊脂白玉

尺寸：最大外径94毫米，
孔径39毫米

鉴别与欣赏： ① 玉色微微泛黄，白玉露底，半透，有细小褐色沁斑和饭糁。造型规矩，琢磨精细。包浆滋润，皮壳属旧，年代特征开门。 ② 体扁平，类环而外廓形状奇诡。中央有一圆孔，外缘有三个等距离的大小一致、向同一方向旋转的齿状凸脊，凸脊之间又是每两齿为一组的三组扉牙。对此器的功用仍是不解之迷。 ③ 本器内厚外薄，整个外轮廓似刃，可作切削、锯断之刃。全器小巧玲珑，既可作佩带之礼器，又可作用于切割的实用器。

名称: **青玉璇玑**

年代: 齐家文化

玉质: 青玉

尺寸: 最大外径56毫米,
　　　　孔径32毫米

鉴别与欣赏: ① 玉呈青绿色,受沁后有褐色沁斑和点状白糁,时代特征开门。 ② 四角璇玑比较少,但也为齐家文化、龙山文化之标准器型。本器小巧玲珑,晶莹剔透,十分漂亮。存世罕。

名称：白玉小璇玑

年代：齐家文化

玉质：白玉

尺寸：最大外径67毫米，孔径32毫米，
厚2毫米

鉴别与欣赏： ① 玉质晶莹，局部片状有褐色沁和点状沁斑，包浆凝聚，年代特征开门。 ② 本器开片极薄，脊齿和边缘均开有刃并制作精细、规整，小巧玲珑，适于佩带，它既是饰品，又是切削实用器。

玉石斧

名称：石斧
年代：齐家文化
玉质：石质不详
尺寸：长165毫米，宽62毫米，
**　　　厚44毫米**

鉴别与欣赏： ① 黑色石料磨制，利用自然石头形状梢为加工而成，有刃无穿，为斧的原始雏形，手握器，握感尚好。经千百年后，表面有灰白色麻坑，时代特征极开门。 ② 此器属齐家文化早期玉石并用之典型器，呈长条形，使用相当方便，虽为石质，但仍秀美。特别是它蕴藏的历史文化内涵，给我们提供了无穷的想象空间。

名称：大石斧

年代：齐家文化

玉质：石质不详

尺寸：长222毫米，宽78毫米，
厚52毫米

鉴别与欣赏： ① 黑色石料磨制，利用自然石头形状梢为加工而成，有刃无穿，有立式手柄，手握住可以上下作砍击动作，已脱离斧的原始雏形。经千百年后，表面有灰白色麻坑，时代特征极开门。

名称：玉斧

年代：齐家文化

玉质：和田黄玉

尺寸：长185毫米，宽100毫米，
厚20毫米

鉴别与欣赏： ① 厚重大器，有穿，单面开刃，全器磨制精细，局部有绺裂和钙化，受沁后，晶莹滋润，色彩艳丽，包浆及年代特征开门。 ② 本器上半部有孔，单面钻成，断孔底边缘处有将通时敲断的痕迹，刃有残，为打击砍伐造成，应属实用器。玉斧是齐家文化玉工具中重要的一种，数量在玉工具中最多，但像本器色沁这么漂亮、用材这么良好还十分罕见。

名称：大玉斧

年代：齐家文化

玉质：黄玉

尺寸：长280毫米，宽140毫米，
厚50毫米

鉴别与欣赏： ① 玉质晶莹，呈黄绿色，局部有绺裂和钙化，受沁后色彩斑斓，十分好看。单面钻孔，孔壁有清晰的旋痕。包浆老气，皮壳属旧，年代特征开门。 ② 本器硕大无比，十分厚重，用于博杀，仍然有效，是新石器时代齐家文化玉工具类的实用器。由于用料上乘，研磨精细，至今温润晶莹，耐人赏玩。在观赏它色彩斑斓、晶莹滋润的同时，人们难以想像数千年前，先民们曾用它狩猎杀戮生灵。

名称：兽首玉斧

年代：齐家文化

玉质：青绿玉

尺寸：长180毫米，宽82毫米，
厚10毫米

鉴别与欣赏： ① 局部玉已质变，钙化后呈鸡骨白色。未钙化处青绿玉半透明，受沁后有深绿色沁斑和深绿颗粒状饭糁。包浆老气，皮壳属旧，时代特征开门。 ② 本器在顶部雕有一兽状物，应属于齐家文化晚期玉工具，用玉也甚好，一般为部落上层人士所用。

名称：短柄小玉斧

年代： 齐家文化

玉质： 青玉

尺寸： 高110毫米，长80毫米，
厚25毫米

鉴别与欣赏： ① 玉呈青绿色，局部钙化，有斑状黑糁和绺裂，一边有刃，直刃中锋，斧两边有脊齿，年代特征极开门。 ② 本器带一短把，可以套上一个套筒，以增加手柄的长度，减少了斧孔和绑扎木柄工序，但用玉要相对多，在惜玉如金的古代，是十分难能可贵的了。此器也非一般人所用。

名称：**玉手斧**

年代：齐家文化

玉质：青玉

尺寸：高115毫米，宽145毫米，
　　　厚7毫米

鉴别与欣赏：　　① 琢磨光滑、细腻润泽，受沁后产生的乳沁十分漂
亮，造型与一般斧不一样，美观大方，包浆老气，年代开门。　② 应
为先民们实用玉工具，虽光素无纹，但造型独特，且色沁斑斓艳丽，
不失为一件齐家文化玉器中的上乘之作。

玉玦

名称：白玉玦
年代：齐家文化
玉质：白玉
尺寸：外径67毫米，内径25毫米，
　　　厚5毫米

鉴别与欣赏：　①　玉质已变，半透明，表面有网状
灰白色条筋斑，制作规矩，琢磨细腻，包浆润泽，年
代特征极开门。　②　本器玉质虽变，承蒙大自然的造
化，这种成网状筋条组成的色沁太美了，太少了，因
而十分抢眼。

名称：异形柱状玉玦

年代： 齐家文化

玉质： 白玉

尺寸： 高146毫米，孔径65毫米，
　　　　最大外径88毫米

鉴别与欣赏： ① 白玉露底，内外受碱土或红土（甘肃地区有一种红土）侵蚀，受沁后，有褐红色、褐黄色泌斑和白糁。全器琢磨精细，包浆润泽，皮壳熟旧，年代特征开门。　② 此器造型独特，为北方腰鼓形状，鼓中间有两道弦纹。奇怪的是从上到下，有九个贯通孔所组成的斜槽。整器造型粗犷、大气，用材也好，不知古人用它来干什么？请教专家也不得而知。不过古人不做没有用处的东西，可见此为齐家文化中的另类。

名称： **青玉异形玉玦**

年代： 齐家文化

玉质： 青玉

尺寸： 最大外径111毫米，孔径46毫米，
　　　　厚3毫米

鉴别与欣赏： 　①　青玉露底，晶莹滋润，受沁后，有褐色、褐黄色沁斑和白糁，全器琢磨精细，包浆润泽，皮壳属旧，年代特征开门。
② 此器造型独特，也比一般的玉玦大，是齐家文化中的怪玩意。

玉龙

名称： **青玉龙**

年代： 齐家文化

玉质： 青玉

尺寸： 高118毫米，宽144毫米，
　　　厚8毫米

鉴别与欣赏： ① 青玉露底，局部钙化，中就间有一大孔，下边有两小孔，龙的龙的眼睛为一划钻的小圈，龙呈卷屈状，为龙山文化类似祖型。受沁后龙身有大片由白色的乳花沁。玉半透明，晶莹滋润，包浆老气，年代特征极开门。 ② 龙为中华文明之象征，早在6000多年前的红山文化，就有玉龙、玉猪龙的玉器作品出现。齐家文化玉器有龙的形象出现是必然的，只不过用料更好，造型更美，做工更精。这个由青玉制作和后面白玉制造又镶嵌有绿松石玉龙，就是最好的证明。

名称： **镶绿松石白玉龙**

年代： 齐家文化

玉质： 白玉

尺寸： 高144毫米，宽145毫米，
     厚5毫米

鉴别与欣赏： ① 白玉露底，局部钙化，单面钻半孔镶嵌有五颗绿松石，其中大的一颗为龙的眼睛，龙呈卷屈状，为龙山文化类似祖型。受沁后龙身有大片由褐红、褐黄、乳白色的沁和红色牛毛纹。玉半透明，晶莹滋润，包浆老气，年代特征极开门。

玉佩

名称：绿松石鹰形佩（枭）
年代：齐家文化
玉质：绿松石
尺寸：高48毫米，宽40毫米，
　　　　厚8毫米

鉴别与欣赏：　①　绿松石质地细腻，光泽柔美，颜色由海蓝色到绿色，醒目而明媚。绿松石是一种比较软的玉石，孔隙度较大，孔隙里含18％～20%的水。水分对绿松石颜色的鲜艳度影响很大。质硬、色蓝和剖面如蜡状光辉者为佳。本器虽历经数千年仍呈天蓝至翠绿，十分艳丽，由于缺水，颜色已变，出现自然裂纹，随着把玩和佩戴，颜色已逐渐变得鲜艳，由翠绿转向海蓝。　②　本器雕刻为鹰，鹰呈展翅状，嘴、眼凸出，下部有两道弦纹，造型和色彩十分漂亮。鹰背面有一对对穿的小孔，时代特征极开门。　③　令人惊讶的是，本器与红山文化玉鹰佩类似，时间上晚于红山文化、地理位置又远于红山文化的齐家文化，为什么有类似作品？由此看来，此器的价值和它所透露出的信息已远远超过器物的本身。

名称：白玉鹰形佩（枭）

年代：齐家文化

玉质：白玉

尺寸：高54毫米，宽62毫米，
厚24毫米

鉴别与欣赏：　①玉质已变，白玉露底，鹰呈展翅状，嘴、眼凸出，边缘有自然缺口和绺裂，背面有一对对穿的小孔，时代特征开门。②本器虽已钙化，但仍掩盖不了当时琢磨精细的迹象，凸出的双眼、嘴、圆点状的鹰爪和边缘的弦纹，无不体现玉工写意的雕刻手法既形似又神似。

名称：**青玉兽**

年代：齐家文化

玉质：青玉

尺寸：高330毫米，宽120毫米，
　　　厚6毫米

鉴别与欣赏：　①局部钙化，青玉露底，有灰白色条状沁斑和深绿色花斑糁。全器晶莹剔透，包浆滋润，皮壳熟旧，年代特征开门。②本器的兽头特别怪，它已有龙首的雏形，但身体过于短，十分令人费解。

名称：嵌绿松石青玉鱼

年代： 齐家文化

玉质： 青玉

尺寸： 长192毫米，宽112毫米，
厚6毫米

鉴别与欣赏： ① 青玉露底，受沁后有大片的褐色沁和红色牛毛纹。由于在鱼身上镶嵌了四颗绿松石，因此显得特别艳丽。包浆滋润，皮壳熟旧，年代特征开门。 ② 本器没有清洗，也无使用痕迹，泥垢仍存，但露底处似镜面抛光，可见当时玉工对此器加工的精到。

名称：青玉鱼

年代：齐家文化

玉质：青玉

尺寸：高330毫米，宽120毫米，
厚6毫米

鉴别与欣赏： ① 局部钙化，青玉露底，有灰白色条状沁斑和深绿色花斑糁，全器晶莹剔透，包浆滋润，皮壳熟旧，年代特征开门。 ②这条鱼特别怪，它口部有齿，尾大而阔，倒像海里的鲸鱼。问题是，地处西北高原的齐家文化先民们能看到鲸鱼吗？

名称： **天河石小玉鱼**

年代： 齐家文化

玉质： 天河石（又青海翠）

尺寸： 长60毫米，宽16毫米，
　　　　 厚2毫米

鉴别与欣赏： ① 局部钙化，有灰白色云雾状沁斑和浅绿色花斑糁。全器呈翠绿色，小巧玲珑，晶莹剔透，十分可爱。包浆滋润，皮壳熟旧，年代特征开门。 ② 这条鱼造型十分简单，无鳍、无鳞、无嘴、无尾，也特别抽象，但自它从陶罐中一取出来，人们一眼就认定它是鱼。天河石出于昆仑山青海境内，在汉代人们习惯称它为青海翠，它比玉硬，与近几百年人们大量使用的缅甸翡翠大致相同，由于稀少和加工相对困难，所以在古代的出土的玉器中比较少见。

名称：绿玉兽面佩

年代： 齐家文化

玉质： 青玉

尺寸： 高48毫米，宽64毫米，
　　　　厚20毫米

鉴别与欣赏：　① 玉呈青绿色，有乳状白色沁、黄色沁和绿色丝状沁，年代特征开门。　② 佩玉也是一种饰品类玉器，戴玉佩是人们对美追求的一种表现形式，也是早期人们炫耀财富和身份饰物，因此一般用料上乘，做工均佳。本器为齐家文化晚期器，纹饰已具有商代饕餮纹特征，雕琢工艺十分精湛，在玉佩上面做有象鼻穿，是人身佩带的玉器，在考古发掘中它多出现于人的胸部。早期玉佩出现于新石器时代的河姆渡文化遗址，红山文化遗址也发现了多种，齐家文化也不例外。

名称：红玉兽面佩

年代：齐家文化

玉质：红玉

尺寸：高62毫米，宽50毫米，
厚13毫米

鉴别与欣赏： ① 本器由手有的红玉琢制，局部有乳状白色沁、褐色沁和绺裂，刻兽面纹、云雷纹，上部有隧孔为穿系之用，是人身佩带的玉器。全器琢磨精细，皮壳、包浆凝聚，十分润泽，年代特征开门。 ② 早商之兽面纹是随着青铜器的发展而逐步演变为商代主流纹饰——饕餮纹，在这方面齐家文化功不可没。本玉器用稀有的上乘红玉，配以流畅、精美的纹饰，就足以显示它在先民心目中的地位。

名称：**白玉兽面佩**

年代：齐家文化

玉质：白玉

尺寸：高32毫米，宽61毫米，
　　　厚4毫米

鉴别与欣赏：　①　白琢制，局部有褐色沁斑和乳白色饭糁沁，玉质晶莹润泽，琢磨精细漂亮，包浆凝聚，年代特征极开门。　②　饕餮纹是为商代主流纹饰，本器为齐家文化晚期器（相当于早商），纹饰已具有商代饕餮纹特征，雕琢工艺十分精湛。齐家文化出现的这些玉佩用料都十分考究，造型大同小异，有的有眼无鼻，有的有眼有鼻无嘴，有的呈三角形、梯形、长方形、长条形等，但云雷纹和"臣"字眼必不可少，而且加工得十分精致、美观。本器的云雷纹已有变异，时间则更晚。

名称：白玉兽面佩

年代：齐家文化

玉质：白玉

尺寸：高39毫米，宽70毫米，
厚9毫米

鉴别与欣赏： ① 玉褐红色（呈糖玉状），有乳状白色沁和片状钙化斑，包浆凝聚，皮壳熟旧，年代特征极开门。 ② 刻兽面纹、云雷纹，上部有孔为穿系之用，是人身佩带的玉器。加工得十分精致、美观，为齐家文化玉佩之典型器。

名称：白玉兽面佩

年代： 齐家文化

玉质： 白玉

尺寸： 高39毫米，宽36毫米，
厚9毫米

鉴别与欣赏： ① 用料上乘，有絮状白色沁、淡淡的褐色沁和片状钙化斑，包浆凝聚，皮壳熟旧，年代特征极开门。 ② 刻兽面纹、云雷纹，上部有马蹄孔为穿系之用，是人身佩带的玉器。加工得十分精致、美观，为齐家文化玉佩之典型器。

名称：青玉兽面佩

年代：齐家文化

玉质：青玉

尺寸：高53毫米，宽32毫米，
　　　　厚24毫米

鉴别与欣赏：　①　玉呈青绿色，有乳状白色沁和片状钙化斑，包浆凝聚，皮壳熟旧，年代特征极开门。　②　刻兽面纹、云雷纹，上部有孔为穿系之用，是古代先民们为炫耀身份所佩带的玉器。由于比较重，也可能是坠之类的把玩器，加工得十分精致、美观，为齐家文化玉佩典型器。

名称：白玉兽面佩

年代：齐家文化

玉质：白玉

尺寸：长108毫米，宽63毫米，
　　　厚7毫米

鉴别与欣赏：　①　玉呈白色，有淡淡绿色和有极少的黄褐色沁、绿色丝状沁，刻有典型的兽面纹、云雷纹。包浆凝聚，皮壳熟旧，年代特征极开门。　②　早商之兽面纹是随着青铜器的发展而发展的，在这方面齐家文化由于比邻和田，用料上乘，制作了不少高质量纹饰精美的玉佩。历经数千年，这么精美的，大、薄而完整的玉佩能保存下来，应是十分珍贵的。

名称：红玉兽面佩

年代： 齐家文化

玉质： 红玉

尺寸： 高82毫米，宽67毫米，
厚18毫米

鉴别与欣赏： ① 本器由红玉琢制，局部有乳状白色沁、褐色沁和绺裂，包浆凝聚，十分润泽，年代特征开门。 ② 本器刻兽面纹、云雷纹，上部有隧孔为穿系之用，是人身佩带的玉器。

名称：鸡骨白玉兽面佩
年代：齐家文化
玉质：白玉
尺寸：高43毫米，宽39毫米，
　　　厚7毫米

鉴别与欣赏：　① 玉已钙化呈鸡骨白状，白玉露底，有黑色沁、黄色沁，全器包浆凝聚，十分润泽，年代特征开门。　② 本玉佩十分独特，它有人们熟悉的类似良渚文化的纹饰，又有齐家文化的云雷纹，在佩的上面还有早期玉器常用象鼻穿，是人身佩带的玉器。晚于红山、良渚的齐家文化有学习、吸收良渚文化、红山文化的传统，类似作品不少。

名称：绿松石兽面佩

年代：齐家文化

玉质：绿松石

尺寸：高39毫米，宽27毫米，
　　　厚9毫米

鉴别与欣赏：　① 绿松石质地细腻，光泽柔美，颜色由海蓝色到绿色醒目而明媚。包浆滋润，皮壳熟旧，年代特征开门。　② 器的正面以浅浮雕雕刻兽面纹、云雷纹，形象美观。由于古代将绿松石视为宝石，用它作玉佩就显得特别珍贵。全器琢磨精细，抛光极佳，神韵自然，是齐家文化玉器中的精品。

名称：试金石兽面佩

年代：齐家文化

玉质：试金石

尺寸：高40毫米，宽30毫米，
　　　　厚18毫米

鉴别与欣赏： ① 由黑色试金石磨制，兽为圆雕，有眼、鼻、嘴还有腿，兽首上刻有云雷纹，兽呈匍匐状，制作得十分乖巧，年代特征开门。 ② 用试金石做玉礼器是齐家文化的一大特色，主要品种有璋、璧、琮、刀和柄形器等，这种小佩肯定是用做礼器的边角余料制作的。

名称：青金石太阳神人面

年代：齐家文化

玉质：青金石

尺寸：高32毫米，宽毫米，
　　　　厚毫米；

鉴别与欣赏：　①　此器用料上乘，特别蓝，蓝得纯净，无一点瑕疵，本器造型独特，八角象征太阳，刻有人面。那刻有人面的太阳就是太阳神了。由于古希腊、罗马人同齐家人都要到阿富汗采集青金石制品或原料，此或许就是古希腊或罗马人的作品。据称此类造型器在马家窑和齐家文化彩陶罐中都曾经出现过。不要小看的这一件小小的作品，在它的身上会蕴藏着远古的时空信息。

玉琥

名称：白玉琥

年代： 齐家文化

玉质： 白玉

尺寸： 高98毫米，宽82毫米，厚84毫米，孔径50毫米

鉴别与欣赏： ① 白玉露底，局部钙化，红色、褐色、黑色等沁斑和黑色饭糁，造型凶猛生动，有獠牙作张口咆啸状，虎耳为长形突出，与其他人面、兽面琮之耳大致相同，是一个典型的十分形象的虎头。包浆老气，时代特征开门。齐家玉文化所处的河陇地区，在商代是水肥草美的膏腴之地，由于有强大的经济基础，周由甘肃走向陕西岐山，后出关中，灭成汤建立了周王朝。秦继周以后，由甘肃走向陕西据关中，夺中原，灭六国，建立了中国第一个封建王朝——秦。这就是说周、秦两个王朝，由于有齐家文化地区强大的经济基础作后盾，才能在人力、物力上支撑这两次统一中国的战争。礼西方的琥，作为发兵的凶器，自然在齐家文化的土壤中，如鱼得水，反复出现。当然，这只是一家之言，但从齐家文化的所在地出现中国的两个王朝——周、秦是不争的事实。

名称：扁平白玉琥

年代： 齐家文化

玉质： 青白玉

尺寸： 高482毫米，宽82毫米，
厚5毫米

鉴别与欣赏： ① 局部钙化，青玉露底，包浆滋润，皮壳熟旧，年代特征开门。 ② 琥无标准器，齐家文化玉礼器也无标准器型可循。在考古发掘中出土的和传世的虎形玉器，有圆雕、浮雕和平面线刻的虎纹，多作为佩饰之用，像这种扁平玉琥还十分少见。据文献记载，琥是以白虎的身份来礼西方，以虎符的身份来发兵。从资料上看，目前出土发掘，尚未见到琥的实物。多数专家把平面线刻有虎纹或有虎形态的玉器认定为琥。笔者也将此器扁平虎形器暂定为琥，应该是有一定的依据。

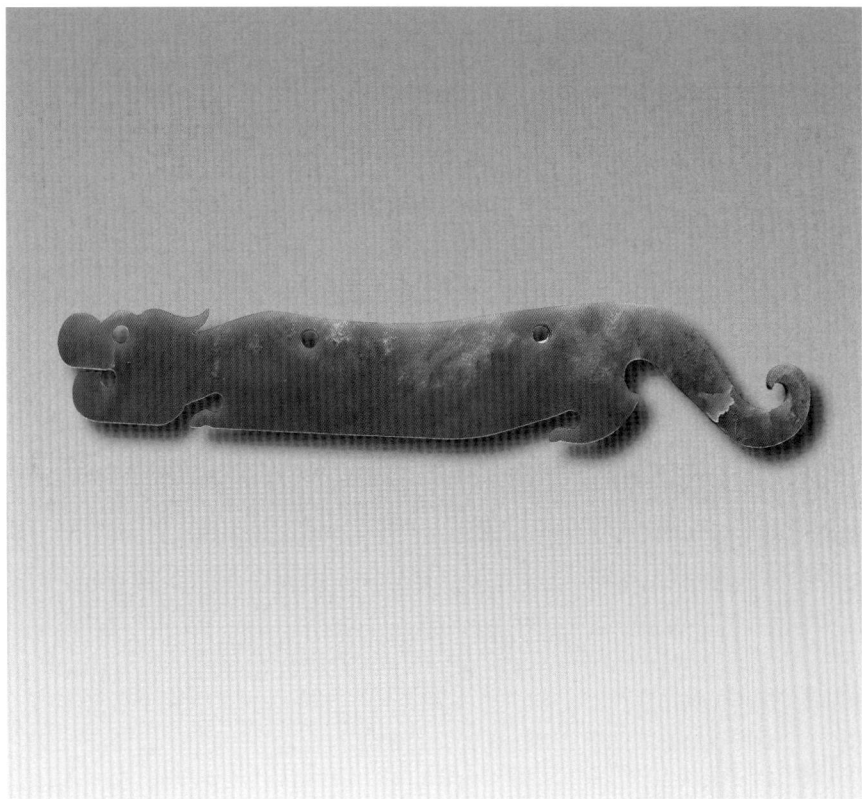

名称：红沁青玉琥

年代： 齐家文化

玉质： 青玉

尺寸： 高88毫米，宽78毫米，
厚88毫米，孔径46毫米

收藏参考价： 无定价

鉴别与欣赏： ① 局部钙化，青玉露底，受沁后出现红有褐色、红色、褐色、黑色等沁斑和白色饭糁，包浆滋润，皮壳熟旧，年代特征开门。 ② 造型凶猛生动，琥作张口咆哮状，鼻上和嘴角的皱纹依稀可见，虎耳为长形，与其他人面、兽面琮之耳相同，是一个典型的十分形象的虎头。

名称： **青玉琥**

年代： 齐家文化

玉质： 青玉

尺寸： 高139毫米，宽142毫米，
厚132 毫米，孔径64毫米

鉴别与欣赏： ① 玉质晶莹润泽，有褐色、红色、褐色、黑色等沁斑和白色饭糁。造型凶猛生动，有獠牙作张口咆啸状，鼻上和嘴角的皱纹依稀可见，虎耳突出，与其他人面、兽面琮之耳相同，是一个典型的十分形象的虎头。包浆老气，时代特征开门。笔者认为齐家文化玉器中这种被称为“兽面琮”的玉器，应称为玉琥。齐家玉文化先于西周，早于《周礼》，而礼仪用玉玉器是最全的，它有璧、琮、圭、璋、璜（以多璜联璧的形式出现）等，不可能没有琥，所以将此器暂定为琥，应该是有一定的依据。当然一切要以实际发掘后研究为准。

名称：青玉琥

年代：齐家文化

玉质：青玉

尺寸：高118毫米，宽104毫米，
厚114毫米，孔径66毫米

鉴别与欣赏： ① 青玉琢制，晶莹通透，有大片的灰白色沁斑和白色丝状糁，造型独特，琢磨精细，包浆润泽，时代特征开门。 ②《周礼》把玉琥列为"六器"之一。《说文》的解释为："发兵瑞玉，为虎纹。"这是汉代学者对玉琥的认识。张广文先生《中国玉器》一文中说："这种玉器在器型方面的特征我们还不十分肯定。在目前流行的古玉中，流行时间跨越几个朝代，且具有特定的几何形状的虎纹玉尚未出现。""六器中的璧、琮、圭、璋、璜都是几何形体。玉琥可能与'六器'中其他五器相同，是几何形玉。"从"人面琮"到琥应有个时代流传的过程，琥应该是一种几何体。本器类似琮又不是琮，虎面、虎嘴、虎齿的形象是凶猛的象征，"兵者，凶也"，如果将它套在棒上，不就像带虎纹的权杖，成为"发兵瑞玉，为虎纹"了吗。

玉蝉

名称：**天河石小蝉**
年代：齐家文化
玉质：天河石
尺寸：长42毫米，宽14毫米，
高10毫米

鉴别与欣赏：　①玉已呈淡绿色，但仍有颗粒状白色絮状物，琢磨精细，造型古朴，尽管历经数千年，仍晶莹润泽，十分美观，年代特征极开门。　②本器加工简练，但研磨极细，一面凸起，一面平直，粗看很不起眼，细看为蝉的雏形，有头有身，在头和身连接处侧面，琢有两个马蹄孔作为穿，以便于悬挂。　③蝉是古人想象中的祥瑞动物，它的蛹潜伏于地下，突然又破壳而出，仿佛羽化成仙。古人也盼望死后，也能像蝉一样，死而复生，因此对蝉的偏爱是出于内心的，故塑造有许多蝉的形象，比如后面的青玉蝉，很有可能是用于祭祀，红玉蝉，则可能用于把玩；而本器则是作为饰品佩戴在胸前的。尽管蝉的形象各不相同，但对蝉的崇拜是不变的，这种风气一直延续了数千年。本器是蝉的雏形，卷曲状的蝉，仿佛刚刚从蝉壳中蜕出，还未羽化。造型虽然简单，却耐人寻味。

名称：青玉蝉

年代：齐家文化

玉质：青玉

尺寸：长162毫米，宽108毫米，
　　　厚70毫米

鉴别与欣赏：　① 玉表面已质变，由厚厚的矿物质似的皮壳所包裹，局部露底之青玉有褐红色、黑红色沁和褐红色牛毛纹。器钻有三孔，由头部钻一孔与侧面两孔相通。全器包浆老气，年代特征极开门。② 此蝉为圆雕，造型逼真，钻孔独特，十分厚重，它重达1.19公斤。与其他蝉相比，应是蝉中"巨无霸"了。既不是佩，又不是礼器，这么厚重的一件仿生器，先民们用在什么场合，是个难解的谜。本器青玉露底，褐红、红、紫红交相辉映，艳丽非凡，人称"紫云红袍"或"血玉蝉"。

名称：红玉蝉

年代：齐家文化

玉质：红玉

尺寸：长82毫米，宽38毫米，
厚16毫米

鉴别与欣赏： ① 玉表面已质变，局部露底为红玉，表面有褐红色、黑红色沁和褐红色牛毛纹。蝉头部钻有不通的象鼻穿，蝉的翅膀和头部上雕刻有类似良渚文化纹饰。全器包浆老气，年代特征极开门。② 此蝉为半圆雕，造型逼真，它应该是佩，但象鼻穿又不通？蝉不是礼器，但蝉的翅膀上雕刻有类似良渚文化纹饰，纹饰十分细，一般用肉眼不易看清，证明它又十分重要。究竟先民们将它用在什么场合？用来干什么？这又是个难解的谜。

名称：鸡骨白蝉形坠

年代：齐家文化

玉质：白玉

尺寸：长70毫米,宽25毫米,
厚25毫米

鉴别与欣赏： ① 玉已钙化呈鸡骨白状，有绺裂状细纹。蝉背部有一对隧孔，可供穿系佩饰。蝉造型独特，时代特征明显，极开门。 ② 此蝉头微翘，一对突出的圆眼，蝉身由几道弦纹斜分，形状十分简洁古朴。本器虽已质变，但由于琢磨精细，至今仍十分漂亮和精致，令人爱不释手。

玉凤凰

名称：青玉凤凰

年代：齐家文化

玉质：青玉

尺寸：长148毫米,高96毫米,
　　　　厚4毫米

鉴别与欣赏：　① 玉呈青绿色，有大片的鸡骨白钙化斑，原器琢磨精细，造型生动，尽管有绺裂和钙化，仍十分美观，年代特征极开门。　② 凤是古人想象中的祥瑞动物，有关凤的传说很多，凤凰的形象也各不相同，本器是凤凰的雏形，卷曲状凤冠、短喙、长尾，尾自然上翘弯曲，尾翎分三叉，凤回头呈卧状，造型十分生动，尽管玉已质变，但仍显得出凤凰所特有的气质。

名称：白玉凤凰

年代：齐家文化

玉质：白玉

尺寸：长295毫米，高125毫米，厚40毫米

鉴别与欣赏： ① 玉已呈鸡骨白，但仍有颗粒状白玉露底，原器琢磨精细，造型生动，尽管有绺裂和钙化，仍十分美观，年代特征极开门。

玉蛙

名称：**青金石小蛙**
年代：齐家文化
玉质：青金石
尺寸：高28毫米，宽12毫米
　　　厚17毫米

鉴别与欣赏：　①　本青金石用料上乘，在深蓝色的表面还有闪闪发光的金星，更显得十分漂亮，虽历经数千年，仍美丽非凡。本器包浆滋润，皮壳熟旧，年代特征开门。　②　蛙纹为马家窑文化彩陶器、齐家文化彩陶器纹饰中的常见纹饰，源于生殖崇拜，多子之意，因此用青金石作小蛙也就十分自然了。

名称：白玉蟾

年代：齐家文化

玉质：白玉

尺寸：外径32毫米，内径12毫米，
厚3毫米

鉴别与欣赏：　①白玉开窗，大部分钙化，有褐色、青绿色和乳状白色沁、绿色丝状沁，年代特征开门。　②蟾和蛙都是齐家人崇拜的动物，取义于多子的生殖崇拜，从马家窑、马厂的彩陶文化到齐家的彩陶文化上，无不体现着先民对生殖和子孙繁衍的需求。

其他

名称：人形玉铲

年代：齐家文化

玉质：白玉

尺寸：长133毫米，宽25毫米，
　　　　厚7毫米

鉴别与欣赏：　①　白玉琢制，局部微微泛黄，做
工精细，形象生动，雕刻细腻。全器包浆凝聚，
十分润泽，时代特征极开门。　②　此玉人为齐
家文化之典型器，在《中国玉器全集》中录有一
件灵台县白草坡的人形玉铲，断代为西周玉器，
并说："为周代玉人雕刻中较大的一件，玉人头
上盘绕兽首蛇身的动物，或可昭示螺髻发式的由
来。"此玉人与其一样，均是齐家文化的作品，
头上发髻缠绕，应是当时先民的头发形状，而不
是什么兽首蛇身，仔细看它根本就没有什么兽。

名称：牛形图腾器

年代：齐家文化

玉质：石夹玉

尺寸：高233毫米，宽100毫米，
厚54毫米

鉴别与欣赏： ① 石夹玉或已全部钙化成鸡骨白状，有绺裂和黑色沁斑，但仍然能看到白玉露底。全器制作精细，打磨光滑，包浆老气，时代特征极开门。 ② 本器为圆雕，牛首人身作站立状，牛有双角、突出的嘴、鼻、眼雕刻得十分形象自然，人身也朴拙可爱。有书记载：只有三门峡出土有一玉牛头——高112毫米。这一牛形图腾器，应该是一突破吧。齐家文化的确有一些人们意想不到的作品，这与当时河陇地区先进的农耕文化和彩陶文化不无关系。

名称：绿松石小兔挂件

年代：齐家文化

玉质：绿松石

尺寸：长34毫米，宽22毫米，
高14毫米

鉴别与欣赏： ① 由绿松石琢磨而成，为圆雕，造型简洁生动，制作精致，打磨光滑，时代特征开门。 ② 本器为象生器，小巧玲珑，由于琢磨极精，不但漂亮美观，手感也十分润泽。背腹间有一贯穿小孔，是饰品或把玩之器。

名称：绿松石小熊

年代： 齐家文化

玉质： 绿松石

尺寸： 长33毫米，宽27毫米，
厚6毫米

鉴别与欣赏： ① 局部钙化，脱水严重，基本只有淡淡的绿色，局部有绺裂和小块脱落，包浆老气，皮壳熟旧，年代特征开门。 ② 此器似熊非熊，似狗非狗，倒十分像澳大利亚的袋鼠，长长的后腿，长而粗壮的尾巴，但中原自古无袋鼠，因此只能认为它是熊。其制作规整，制作精致，用料上乘，还是十分珍贵的。总之齐家文化玉器就是有些令人难以理解的怪玩意。

名称：试金石兔

年代：齐家文化

玉质：黑色试金石

尺寸：长213毫米，宽88毫米，
高108毫米

鉴别与欣赏： ① 由黑色试金石琢磨而成，圆雕，造型简洁生动，研磨精细，打磨光滑，时代特征开门。 ② 本器为象生器浑圆饱满，十分厚重，由于抛光极精，不但漂亮美观，手感也十分润泽。若不是把玩之器，也应为图腾或祭祀之物。

名称：绿松石人面

年代： 齐家文化

玉质： 绿松石

尺寸： 高22毫米，宽24毫米，
　　　　厚毫米

鉴别与欣赏：　①　绿松石质地细腻，光泽柔美，颜色由海蓝色到绿色醒目而明媚。由于缺水，颜色已变，出现自然裂纹，随着把玩和佩戴，颜色已逐渐变得鲜艳，由浅绿转到翠绿。局部钙化，出现褐色沁斑和绺裂，包浆滋润，皮壳熟旧，年代特征开门。　②　器的正面以浅浮雕雕刻人面，形象简洁生动。在新石器时代马家窑彩陶文化中就有"人头罐"的人头圆雕，晚于它的齐家文化，先民们对自己形象的崇拜和追求就不足为怪了。全器琢磨精细，抛光极佳，神韵自然，是齐家文化玉器中的精品。

名称：**白玉兽面坠**

年代：齐家文化

玉质：白玉

尺寸：高54毫米；宽78毫米；
　　　厚35毫米

鉴别与欣赏：　　① 白玉琢制，有乳状白色沁、大片黑褐色沁，包浆凝聚，皮壳熟旧，年代特征开门。　　② 刻兽面纹、云雷纹，上下有一贯通孔为穿系之用，是人身佩带的玉器。由于十分重，不能佩在胸口，只能挎在腰部，是否应称之为坠尚可探讨，但作为人随身佩带的玉器，是肯定的。

名称：龙头权杖
年代：齐家文化
玉质：和田白玉
尺寸：长220毫米

鉴别与欣赏：　①　白玉底，半透明，已泛黄，局部钙化和绺裂，包浆滋润，皮壳属旧，时代特征极开门。　②　本器大而厚重，龙头狰狞，柄尖坚硬，握在手中，既是权力的象征，又是"击杀器"，由于中部有穿，携带方便，故十分实用。　③　本器为圆雕，在柄的头部雕刻有一龙头，由龙角、卷眉、臣字眼、虎鼻、虎嘴等组成，造型圆润丰腴，鲜明生动，富丽堂皇，神韵具佳，是齐家文化玉礼器中难得的珍品。　④　水涛先生在《中国西北地区青铜时代考古论文集》中说道：齐家文化"另外还发现了玉石权仗头、玉石斧一类用于表示权力，身份社会地位的礼仪用具"。设想柄形器就应是这些玉石权仗头。

名称： **齐家文化小管珠串**

年代： 齐家文化

玉质： 天河石、绿松石、玛瑙青金石和珊瑚

尺寸： 管径2~3毫米，长2~4毫米，
小管孔径0.1毫米

鉴别与欣赏： ① 小管珠琢磨精细，尽管有绺裂和钙化，仍十分美观，年代特征极开门。 ② 石之美者，玉也！这些漂亮的小管珠是由各种古代名贵的小石头磨制而成的，在不到火柴棍粗细的截面，却钻了孔，作成串珠，制成首饰，真是不可思议！特别那只有零点几毫米的小孔，现代工艺制造必须用激光才能加工，古人是用甚么方法制作的呢？简直就是一个谜。但齐家人做到了，当考古工作者一粒一粒从彩陶罐中取出时，人们都惊呆了。

图书在版编目（CIP）数据

齐家文化玉器精品鉴赏/彭燕凝 彭仁厚编著.—杭州：
浙江大学出版社，2009.1
（中国收藏与鉴赏丛书）
ISBN 978-7-308-06375-3

Ⅰ．齐⋯ Ⅱ．①彭⋯②彭⋯ Ⅲ．①齐家文化－古玉器－
鉴赏②齐家文化－古玉器－收藏 Ⅳ．K876.8 G894

中国版本图书馆CIP数据核字（2008）第173168号

责任编辑　　　李玲如
装帧设计　　　魏　清
出版发行　　　浙江大学出版社
　　　　（杭州天目山路148号　　邮政编码　310028）
　　　　（E—mail：zupress@mail.hz.zj.cn）
　　　　（网址：http://www.zjupress.com
　　　　　　http://www.press.zju.edu.cn）
排　　版　　　杭州开源数码设备有限公司
印　　刷　　　杭州海虹彩色印务有限公司
开　　本　　　889mmx1194mm　1/32
印　　张　　　6.75
字　　数　　　182千
版印次　　　2009年1月第1版第1次印刷
书　　号　　　ISBN 978-7-308-06375-3
定　　价　　　56.00元